Chouette

4e

CYCLE 4

13-14 ANS

RÉFORME NOUVEAU PROGRAMME DU COLLÈGE

Dictées

Christine Formond

Hatier

Voici **la liste des 27 chapitres de ton cahier Chouette.**
Quand tu as terminé le travail sur un chapitre, indique la date et reporte le score total obtenu aux exercices.

Ton tableau de bord

Test p. 4

FORMER LE PLURIEL. ACCORDER

	PAGE	QUAND	SCORE
1 Former le pluriel d'un nom ou d'un adjectif	6	le	.... / 31
2 Former le pluriel d'un nom composé	8	le	.... / 31
3 Faire les accords dans un groupe nominal	10	le	.... / 38
4 Accorder un adjectif quelle que soit sa fonction	12	le	.... / 43
5 Accorder ou non une forme en *-ant*	14	le	.... / 31

CONJUGUER, ACCORDER UN VERBE

	PAGE	QUAND	SCORE
6 Écrire un verbe au présent de l'indicatif et de l'impératif	16	le	.... / 60
7 Connaître les variations de radical de certains verbes du 1er groupe	18	le	.... / 42
8 Écrire certains verbes difficiles du 3e groupe au présent de l'indicatif	20	le	.... / 40
9 Accorder le verbe avec son sujet	22	le	.... / 50
10 Accorder un participe passé : cas simples	24	le	.... / 47
11 Accorder un participe passé : cas particuliers	26	le	.... / 22
12 Écrire un verbe à l'imparfait ou au passé simple	28	le	.... / 42
13 Écrire le son [e] à la fin d'un verbe	30	le	.... / 41
14 Écrire les sons [i] et [y] à la fin d'un verbe	32	le	.... / 51
15 Écrire un verbe au futur simple ou au présent du conditionnel	34	le	.... / 44
16 Écrire un verbe au présent et à l'imparfait du subjonctif	36	le	.... / 26

Achevé d'imprimer par l'Imprimerie de Champagne
à Langres — France
Dépôt légal : 99672-6/01 — Avril 2016

PAPIER À BASE DE FIBRES CERTIFIÉES

Hatier s'engage pour l'environnement en réduisant l'empreinte carbone de ses livres. Celle de cet exemplaire est de : 300 g éq. CO_2
Rendez-vous sur www.hatier-durable.fr

Suivi éditorial : Monika Gabbay
Maquette : Frédéric Jély
Illustrations : Adrien Siroy (dessins de la chouette), François San Millan
Mise en pages : STDI

ISBN 978-2-218-99672-6

ÉVITER LES CONFUSIONS

	PAGE	QUAND	SCORE
17 Distinguer *es*, *est*, *ai*, *aie* et *ait*	38	le	.... / 26
18 Distinguer *ce* et *se*, *c'est* et *s'est*	40	le	.... / 41
19 Distinguer *ni* et *n'y*, *si* et *s'y*	42	le	.... / 29
20 Distinguer *quand*, *quant* et *qu'en*, *sans* et *s'en*	44	le	.... / 30
21 Distinguer *quel(s)*, *quelle(s)* et *qu'elle(s)*	46	le	.... / 30

ORTHOGRAPHE D'USAGE

	PAGE	QUAND	SCORE
22 Identifier et écrire *tout*	48	le	.... / 32
23 Identifier et écrire *même*	50	le	.... / 33
24 Ajouter ou non un accent sur un *e*	52	le	.... / 44
25 Écrire les noms terminés par le son [e]	54	le	.... / 34
26 Orthographier différents préfixes	56	le	.... / 53
27 Écrire les adverbes en *-ment*	58	le	.... / 27

Et en plus

PAGE

■ **Le guide Chouette** — Au centre du cahier
- Tous les **CORRIGÉS** des exercices
- Des dictées complémentaires
- Des informations pour les parents

■ **Des outils complémentaires** — À la fin du cahier
- Les rectifications orthographiques de 1990
- 30 verbes modèles pour conjuguer sans faute
- Comment relire sa dictée ?
- Les principaux homophones grammaticaux

TEST

1. *Réponds aux questions du test.*
2. *Vérifie chaque réponse à l'aide du corrigé page 28 du livret détachable.*
3. *Si ta réponse n'est pas juste, entoure le n° du chapitre : il est à réviser en priorité.*

FORMER LE PLURIEL. ACCORDER

CHAPITRE

1. Forme le pluriel des noms suivants avec la bonne terminaison. — 1 p. 6

des caillou ☐ x ☐ s des clou ☐ x ☐ s des cheveu ☐ x ☐ s des pneu ☐ x ☐ s

2. Vrai ou faux ? — 2 p. 8

Le nom composé porte-avions varie au pluriel. ☐ vrai ☐ faux

Les deux éléments de sourd-muet prennent un s au pluriel. ☐ vrai ☐ faux

3. Accorde correctement. — 3 p. 10

Le vieux sac de cuir avec lequel je voyage.

→ La .... valise ....

→ Les .... valises ....

4. Accorde si nécessaire. — 4 p. 12

Mes chaussettes framboise.............. sont troué.............. .

Mes chaussures noir.............. et blanc.............. sont trop grand.............. .

5. Accorde si nécessaire. — 5 p. 14

Elle a les yeux brillant.............. .

Brillant.............. à travers leurs larmes, ses yeux exprimaient une grande tristesse.

CONJUGUER, ACCORDER UN VERBE

CHAPITRE

6. a. Ajoute la terminaison du présent de l'indicatif qui convient. — 6 p. 16

crier : il cri.............. rire : il ri.............. lire : il li.............. lier : il li..............

b. Ajoute un s si nécessaire.

- Aime...........-tu la poésie ? • Ne pleure........... pas ! • Donne...........-moi la main.

7. Vrai ou faux ? — 7 p. 18

Les verbes en *-eler* doublent généralement le *l* devant un *e* muet. ☐ vrai ☐ faux

Les verbes en *-uyer* et *-oyer* conservent le *y* devant un *e* muet. ☐ vrai ☐ faux

8. Ajoute la bonne terminaison du présent de l'indicatif. — 8 p. 20

mentir : je men........... vouloir : je veu........... mettre : je me...........

prendre : je pren........... coudre : il cou........... résoudre : il résou...........

9. Coche la forme verbale qui convient. — 9 p. 22

Je vous ☐ enverrez ☐ enverrai un e-mail.

C'est toi qui ☐ commence ☐ commences : lance le dé.

10. Coche la bonne forme. — 10 p. 24

Elle a ☐ reçu ☐ reçue une guitare.

Ces guitares, elle les a ☐ reçue ☐ reçues pour Noël.

11. Accorde si nécessaire. — 11 p. 26

Elle s'est douché.............. après le dîner. Elle s'est lavé.............. les mains.

12. Choisis entre l'imparfait ou le passé simple.

Tous les jours, je me ☐ levai ☐ levais à sept heures.
Ce jour-là, je me ☐ levai ☐ levais à l'aube.

12 p. 28

13. Complète avec la bonne terminaison : *-er, -ez, -é, -és*.

Écout........... ! Les musiciens vont jou............ . Ils ont accord........... leurs instruments.

13 p. 30

14. Ajoute si nécessaire un *s*, un *e* ou un *t*.

il cri........... il di........... il a fini........... il a pri...........
il a di........... Il a vécu........... sa voix mu........... elle a lu........... .

14 p. 32

15. a. Ajoute la lettre qui manque pour former le futur.

• je mou.......rai • nous cri.......rons • nous cour.......ons • j'essu.......erai

b. Ajoute les terminaisons du conditionnel présent.

je prendr......, tu prendr......, il prendr......, nous prendr......, vous prendr......, ils prendr...... .

15 p. 34

16. Conjugue les verbes suivants à la 3e personne du singulier du subjonctif imparfait.

prendre : .... savoir : ....
venir : .... voir : ....

16 p. 36

ÉVITER LES CONFUSIONS

CHAPITRE

17. Complète avec *es, est, ai, aie, ait*.

C'........ dommage qu'il .... oublié de venir. Tu .... entré avant que je ne t'y .... invité.

17 p. 38

18. Complète avec *ce, se, c'est* et *s'est*.

.... l'heure de .... lever ! .... matin, il .... levé du mauvais pied.

18 p. 40

19. Complète avec *ni, n'y, si* ou *s'y*.

Il n'a pris .... le train .... la voiture : il .... est rendu à vélo. C'est .... écologique !

19 p. 42

20. Coche la bonne forme.

☐ Quand ☐ Quant ☐ Qu'en à moi, je viendrai à pied.
Il ne ☐ sans ☐ s'en sortira pas indemne !

20 p. 44

21. Coche la bonne forme.

☐ Quel ☐ Quelle ☐ Qu'elle horreur !
☐ Quel ☐ Quelle ☐ Qu'elle vienne immédiatement !

21 p. 46

ORTHOGRAPHE D'USAGE

CHAPITRE

22. Coche la bonne forme.

Elle est ☐ toute ☐ tout étourdie. – Elles sont ☐ tout ☐ toutes étourdies.

Peux-tu donner la règle ? ....

22 p. 48

23. Ajoute un *s* si nécessaire. • Ils ont tout fait eux-même..... . • Même..... eux se sont trompés !

23 p. 50

24. Ajoute les accents qui manquent. Noel – foret – eleve – pre – pres – esperance – aigue

24 p. 52

25. Ajoute ou non un *e*. • l'amitié... • la jeté... • la clé... • une assietté... • la pitié... • une dicté...

25 p. 54

26. Complète avec la lettre qui manque.

i...parfait • i...réductible • i...compréhensible • i...lisible

26 p. 56

27. Donne les adverbes en -ment correspondant aux adjectifs suivants.

ardent → .... élégant → .... lent → ....

27 p. 58

1 Former le pluriel d'un nom ou d'un adjectif

- La plupart des noms et des adjectifs forment leur pluriel **avec un *s***.
  le plat préféré de François → les plats préférés de François
- Mais il existe quelques **règles particulières**.

Règles particulières	Exceptions
Noms et adjectifs en ***-au***, ***-eau***, ***-eu*** : pluriel avec un ***-x***	*landaus*, *bleus*, *pneus*
Noms en ***-ou*** : pluriel avec un ***-s***	*bijoux*, *cailloux*, *choux*, *genoux*, *hiboux*, *joujoux*, *poux*
Noms et adjectifs en ***-al*** : pluriel en ***-aux***	noms : *bals*, *carnavals*, *chacals*, *festivals*, *récitals*, *régals* adjectifs : *banals*, *bancals*, *fatals*, *finals*, *glacials* (ou *glaciaux*), *natals*, *navals*
Noms en ***-ail*** : pluriel avec un ***-s***	*baux*, *coraux*, *émaux*, *soupiraux*, *travaux*, *vantaux*, *vitraux*
Noms et adjectifs en ***-s***, ***-x***, ***-z*** : invariables	
Certains noms ont une forme très différente au singulier et au pluriel : *œil* → *yeux*	

★ 1 **Mets mentalement les noms et adjectifs au pluriel puis trouve l'intrus.**

1. sorcier • médecin • ogre • conducteur • inspecteur • dieu • avocat
2. cheveu • château • feu • tuyau • bleu • ruisseau • gâteau
3. cheval • travail • éventail • brutal • oral • vitrail • national

SCORE ..../ 3

COUP DE POUCE
Par exemple, dans la série 1, l'intrus est celui qui forme son pluriel en –x.

★ 2 **Mets les groupes nominaux suivants au singulier.**

1. des poids écrasants → ....
2. des œufs frais → ....
3. des genoux cagneux → ....

SCORE ..../ 3

ATTENTION
Certains noms et adjectifs sont invariables.

★★ 3 **Mets les groupes nominaux suivants au pluriel.**

1. un œil bleu : ....
2. un beau vitrail : ....
3. un joyeux carnaval : ....

SCORE ..../ 3

COUP DE POUCE
L'un des noms a une forme très différente au pluriel

DICTÉE PRÉPARÉE

Le narrateur, François Seurel, est fils d'instituteurs. Il vit avec ses parents dans l'école...

Lorsque le cours était fini, à quatre heures, une longue soirée de solitude commençait pour moi ; et peu à peu les derniers gamins attardés abandonnaient l'école refroidie où roulaient des tourbillons de fumée. Il y avait encore quelques jeux, des galopades dans la cour ; puis la nuit venait ; les deux élèves qui avaient balayé la classe partaient bien vite, leur panier au bras, en laissant le grand portail ouvert...
Lorsqu'il faisait noir et que le carreau de notre petite cuisine s'illuminait, je rentrais enfin. Ma mère avait commencé de préparer le repas. Je montais trois marches de l'escalier du grenier ; je m'asseyais sans rien dire et, la tête appuyée aux barreaux froids de la rampe, je la regardais allumer son feu dans l'étroite cuisine où vacillait la flamme d'une bougie.

D'après Alain-Fournier, *Le Grand Meaulnes* (1913).

4 Pluriel des noms en *-eu*, *-eau* et *-ail*

a. Donne la règle d'accord des noms en couleur dans la dictée.

→ Les noms en *eu* se terminent en règle générale au pluriel par un ....

→ Les noms en *-eau* se terminent au pluriel par un ....

→ Les noms en *ail* se terminent en règle générale au pluriel par un ....

b. Relève dans la dictée deux exemples de pluriel de noms en *eu* et *eau*.

.... et ....

SCORE .... / 5

5 Pluriel des noms terminés par un *-s*

a. Donne la règle d'accord des noms terminés par un *-s* au singulier.

Les noms terminés par un *-s* au singulier sont ....

b. Relève trois exemples de noms terminés par un -s au singulier dans la dictée.

............................., ... et ....

SCORE .... / 4

6 Homophonie

a. L'un de ces noms a un homophone dans la dictée : sauras-tu le retrouver ? Précises-en le sens.

....

b. Propose d'autres homophones du même nom en précisant leur classe grammaticale.

....

SCORE .... / 4

INFO

Des homophones (ou homonymes) sont des mots qui se prononcent de la même manière mais qui peuvent avoir des orthographes différentes et qui n'ont pas le même sens. Ex. : *mer/mère/maire*.

7 Sujets inversés

a. Quels sont les sujets des verbes soulignés ?

.... et ....

b. Où sont-ils placés ? → Ils sont placés .... le verbe.

SCORE .... / 3

8 DICTÉE NON PRÉPARÉE Et maintenant, fais-toi dicter le texte figurant dans le livret, p. 2.

Corrigés p. 2

TOTAL .... / 25

2 Former le pluriel d'un nom composé

- Un nom composé est formé de plusieurs mots, reliés ou non par un trait d'union. Il correspond à une entrée dans un dictionnaire.

  un chou-fleur, une pomme de terre

- Pour mettre correctement au pluriel un **nom composé avec un trait d'union**, il faut analyser la classe grammaticale des mots utilisés.

Classe grammaticale	Règles	Exemples
nom + nom	Les deux éléments varient en général.	*des camions-bennes* mais *des timbres-poste* [des timbres de **la** poste]
nom + adjectif adjectif + nom	Les deux éléments varient.	*des coffres-forts* *des blancs-becs*
adjectif + adjectif	Les deux éléments varient.	*des sourds-muets*
verbe + nom	Seul le nom peut varier, en fonction du sens.	*des ouvre-boîtes* [ils ouvrent **des** boîtes] mais *des gratte-ciel* [ils grattent **le** ciel]
préposition/adverbe + nom	Seul le nom varie.	*des avant-postes*

★ 1 **Forme des noms composés en traçant des flèches entre les mots de la colonne de gauche et ceux de la colonne de droite. Attention aux accords.**

	• fenêtre
	• fenêtres
des porte •	• bonheur
des portes •	• bonheurs
des casse •	• pieds
	• cou
	• cous

SCORE .... / 4

ATTENTION
Selon le nom composé, porte est un verbe (*un porte-bonheur*) ou un nom (*une porte-fenêtre*).

★★ 2 **Construis quatre noms composés à partir des verbes et des noms suivants :** casser, presser, serrer, tirer + bouchon, citron, noix, tête. **Puis mets-les au pluriel.**

1. singulier : .... → pluriel : ....
2. singulier : .... → pluriel : ....
3. singulier : .... → pluriel : ....
4. singulier : .... → pluriel : ....

SCORE .... / 8

COUP DE POUCE
Un seul des noms composés varie au pluriel.

DICTÉE PRÉPARÉE

Des guirlandes de piments, des tronçons d'espadon, de thon et de barracuda, des montagnes beiges de patates douces, des bouteilles blanches (rhum agricole), des saladiers, des casse-noisettes, des ventouses roses à déboucher les toilettes, des pattes de lapin (porte-bonheur), des chauves-souris desséchées (porte-malheur), et une foule bigarrée qui caquetait, pourparlait, cancanait, s'insultait, s'esclaffait...
Au bout de l'allée, changement d'atmosphère : quatre boutiques étroites entouraient un rond-point.
– Je vous présente notre marché aux mots, dit monsieur Henri.

D'après Erik Orsenna, *La grammaire est une chanson douce*, © Stock, 2001.

3 Les noms composés

a. Surligne les noms composés dans le texte de la dictée.

b. Recopie les deux noms qui portent des marques d'accord au pluriel et indique leur composition.

1. .... (verbe + ...)

2. .... (.................................. + ...)

SCORE .... / 10

> **COUP DE POUCE**
> Il y en a cinq.
> Tous comprennent un trait d'union.

4 L'accord du complément du nom

a. Observe les groupes de mots soulignés. Quel est leur point commun ?

....

b. Dans les groupes de mots suivants, mets le nom complément du nom au singulier ou au pluriel, en fonction du sens.

1. un château d'eau ......

2. une pomme de terre ......

3. un groupe d'étudiant ......

4. un recueil de poème ......

5. une salade de fruit ......

6. un fauteuil à bascule ......

7. un coiffeur pour dame ......

8. mes dates de vacance ......

SCORE .... / 9

> **COUP DE POUCE**
> Relis la leçon du chapitre 3, p. 10.

> **INFO**
> Dans un groupe, il y a plusieurs étudiants ; dans un recueil, il y a plusieurs poèmes.

5 Relis le texte de la dictée et note ci-dessous les mots qui te paraissent encore difficiles.

....

....

6 DICTÉE NON PRÉPARÉE Et maintenant, fais-toi dicter le texte figurant dans le livret, p. 3.

Corrigés p. 3

TOTAL .... / 31

3 Faire les accords dans un groupe nominal

Dans un groupe nominal (GN), la plupart des éléments s'accordent avec le nom noyau.

- Le ou les **déterminants** s'accordent avec le nom déterminé.

  tous *les enfants,* ***toutes*** *les filles*

  Attention ! *Quelque* peut être au singulier ou au pluriel.
  – Il est au singulier dans le sens de *quelconque* :

  quelque *passant* [un passant quelconque]

  – Il est au pluriel dans le sens d'*un petit nombre* :

  quelques *passants* [plusieurs passants]

- L'**adjectif qualificatif** (voir chapitre 4).

  le ***beau*** *bateau, les* ***belles*** *barques*

- Le **pronom relatif *lequel*** s'accorde avec l'antécédent de la relative.

  le bateau sur ***lequel*** *nous naviguons, les barques sur* ***lesquelles*** *nous naviguons*

- L'accord du **complément du nom** dépend du sens.

  des patins à ***roulettes*** [il y a plusieurs roulettes], *des pommes de terre* [de la terre]

★ 1 Mets les compléments du nom au pluriel si nécessaire.

1. un stylo à bille ......
2. une robe à fleur ......
3. un fruit à pépin ......
4. un sac de bille ......
5. une chemise à carreau ......
6. un fruit à noyau ......

SCORE ..../ 6

COUP DE POUCE
Pense au sens : y a-t-il un ou plusieurs pépins, un ou plusieurs noyaux... ?

★★ 2 a. Mets les noms en couleur au pluriel et fais les modifications nécessaires.

1. chaque pétale de cette fleur → ....
2. le ballon de football noir et blanc avec lequel nous jouons
→ ....
3. ce beau chat de gouttière gris
→ ....
4. ma bicyclette bleue avec laquelle je me déplace partout
→ ....

COUP DE POUCE
Noir et blanc est ici un adjectif de couleur composé invariable.

b. Mets les noms en couleur au féminin pluriel et accorde comme il convient.

1. ce beau chat de gouttière gris
→ ....
2. cet enfant auquel nous allons rendre visite
→ ....

SCORE ..../ 10

COUP DE POUCE
Certains éléments ne varient pas : *enfant* par exemple garde la même forme au masculin et au féminin.

DICTÉE PRÉPARÉE

Un jeune officier français contemple le panorama qui s'offre à lui ...

Le scintillement des étoiles et la douce lumière de la lune éclairaient une vallée délicieuse qui déroulait à ses pieds **tous** ses trésors. Appuyé sur un oranger en fleurs, le chef de bataillon pouvait voir, à cent pieds au-dessous de lui, la ville de Menda, qui semblait s'être mise à l'abri des vents du nord, au pied du rocher sur lequel était bâti le château.
Le château était illuminé. Le joyeux tumulte d'un bal, les accents de l'orchestre, les rires de **quelques** officiers et de leurs danseuses arrivaient jusqu'à lui, mêlés au lointain murmure des flots. Enfin les jardins étaient plantés d'arbres si odoriférants et de fleurs si suaves que le jeune homme se trouvait comme plongé dans un bain de parfums.

D'après Honoré de Balzac, *El Verdugo* (1830).

3 **Surligne dans la dictée les huit GN dont le nom noyau est au pluriel.**

SCORE ..../ 8

4 **L'accord du déterminant**

a. Donne la classe grammaticale des mots en gras dans le texte.

Tous et *quelques* sont des ....

b. Accorde correctement *tout* dans les deux GN suivants.

1. tou ...... ses richesses. 2. tou ...... son monde

c. *Quelque* peut être utilisé au singulier dans le sens de *un quelconque*.
Remplace *quelques* par *quelque* et modifie les accords dans la phrase soulignée.

→ les rires de quelque ....

SCORE ..../ 6

5 **Observe les GN en couleur dans la dictée. Quels sont leurs points communs ?**

Il s'agit de groupes nominaux composés d'un nom noyau au .... et

....

SCORE ..../ 3

COUP DE POUCE
Tu peux t'aider de la leçon 3, p. 10, sur l'accord du complément du nom.

6 **Les accords dans le GN « *au pied du rocher sur lequel...* »**

a. Sur ce modèle, complète les groupes nominaux suivants en effectuant les modifications nécessaires.

1. au pied des rochers sur ....

2. au pied de la falaise sur ....

b. Quelle remarque peux-tu faire concernant le sujet du verbe *était bâti* ?

....

c. Remplace *le château* par *les châteaux* et fais les modifications nécessaires.

....

SCORE ..../ 5

ATTENTION
N'oublie pas l'accord du participe passé *bâti* qui est employé avec l'auxiliaire *être* et s'accorde avec le sujet.

7 **DICTÉE NON PRÉPARÉE** Et maintenant, fais-toi dicter le texte figurant dans le livret, p. 4.

Corrigés p. 4

Plus d'exercices sur www.hatier-entrainement.com

TOTAL ..../ 38

4 Accorder un adjectif quelle que soit sa fonction

Règle générale

L'adjectif qualificatif s'accorde en genre et en nombre avec le nom qu'il qualifie, quelle que soit sa fonction (épithète, apposé ou attribut).

*Les professionnels du tourisme ont fait une **année** exceptionnel**le**.*

*Exceptionnel**le**, cette **année** touristiq**ue** a satisfait tous les restaurateurs.*

*Les **résultats** de la saison s'annoncent exceptionnel**s**.*

Cas particuliers

- Quand il se rapporte à **plusieurs noms**, l'adjectif se met au pluriel.

*une poire et une pêche mûre**s** à point*

Attention ! Ici, le masculin l'emporte sur le féminin : *un blouson et une veste bleu**s**.*

- Restent **invariables** :

– les noms employés comme adjectifs (*des yeux **marron***) ou ceux qui sont composés (*des cheveux **jaune paille***) ;

– les adjectifs *demi* et *nu* lorsqu'ils précèdent un nom (*une **demi**-heure*) ;

– les adjectifs employés comme adverbes (*ils s'arrêtent **net***).

★ 1 Complète le texte suivant à l'aide de l'adjectif *bleu*, accordé comme il convient.

– Un dernier détail. La salive d'une sorcière est ....

– .... ! m'écriai-je. C'est impossible ! Aucune salive n'est ....

– .... myrtille ! précisa-t-elle.

– C'est absurde, Grand-mère. Aucune femme n'a la salive .... myrtille !

– Si, les sorcières ! répliqua-t-elle.

– .... comme de l'encre ? demandai-je.

– Exactement, dit-elle. Elles utilisent des porte-plume et elles n'ont qu'à lécher la plume pour écrire !

D'après Roald Dahl, *Sacrées Sorcières*, trad. M.-R. Farré, © Gallimard, 1984 © Dahl Nominee Ltd, 1983.

SCORE ..../ 6

COUP DE POUCE
L'adjectif *bleu* se rapporte ici toujours au nom *salive*, celui-ci pouvant être sous-entendu.

ATTENTION
N'accorde pas les adjectifs de couleur composés.

★★ 2 Accorde les adjectifs épithètes si nécessaire.

1. une chemise chaude → des chemises ....
2. une chemise prune → des chemises ....
3. un sac rouge → des sacs ....
4. un sac rouge vif → un sac et une valise ....
5. un souvenir doux-amer → une pensée ....
6. un balcon bien orienté → un balcon et une terrasse ....

SCORE ..../ 6

ATTENTION
Rappelle-toi que les noms employés comme adjectifs de couleur sont invariables.

DICTÉE PRÉPARÉE

Le narrateur se rend en Transylvanie pour rencontrer le comte Dracula et lui proposer l'achat d'une propriété à Londres. Voici une des premières descriptions qu'il fait de lui.

Son visage donnait une impression de force, avec son nez fin mais aquilin, des narines particulièrement larges, un front haut et bombé, des cheveux qui se clairsemaient aux tempes, mais, ailleurs, épais et abondants. Les sourcils, massifs, se rejoignaient presque à l'arête du nez et paraissaient boucler tant ils étaient denses. La bouche, pour autant que je pusse l'entrevoir, sous l'épaisse moustache, présentait quelque chose de cruel, sans doute en raison des dents éclatantes et particulièrement pointues. Elles avançaient au-dessus des lèvres elles-mêmes dont le <u>rouge</u> vif soulignait une vitalité étonnante chez un homme de cet âge. Les oreilles étaient pâles et se terminaient en pointes.

Bram Stoker, *Dracula* (1897), trad. J. Fimé, © Jean-Claude Lattès.

3 Les fonctions de l'adjectif

a. Repère les quinze adjectifs et participes passés employés comme adjectifs : souligne les épithètes, surligne l'adjectif apposé, encadre les attributs.

b. Relie-les aux noms qu'ils qualifient et avec lesquels ils s'accordent.

SCORE ..../ 15

4 Nom ou adjectif ?

a. Donne la classe grammaticale du mot *rouge*, souligné dans la dictée.

....

b. Explique maintenant l'accord de l'adjectif *vif*.

L'adjectif *vif* s'accorde ....

SCORE ..../ 2

5 L'accord des adjectifs de couleur

a. Accorde correctement *rouge vif* dans les deux GN suivants.

- des lèvres (rouge vif) ....
- une bouche (rouge vif) ....

b. Explique l'accord en te reportant aux règles énoncées dans la leçon.

....

SCORE ..../ 3

COUP DE POUCE
Dans cet exercice *rouge vif* est un adjectif de couleur composé.

6 Conjugaison et accord du verbe

a. Relève les verbes de la dictée et indique leur sujet.

donnait → *son visage* ....

....

....

....

b. Le verbe *avancer* présente une particularité de conjugaison : laquelle ?

....

SCORE ..../ 11

ATTENTION
Sois vigilant(e) lorsque le verbe est séparé du sujet par des groupes de mots plus ou moins longs.

7 DICTÉE NON PRÉPARÉE

Et maintenant, fais-toi dicter le texte figurant dans le livret, p. 5.

Corrigés p. 5

TOTAL ..../ 43

5 Accorder ou non une forme en *-ant*

- Le **participe présent**, terminé par *-ant* est **invariable**.

  ***Hurlant** et **gesticulant**, ils se précipitèrent vers la sortie. Ils sortirent **en hurlant**.*
  [participes présents] [gérondif]

  L'**adjectif verbal**, lui aussi terminé par *-ant*, s'accorde comme un adjectif dont il peut avoir toutes les fonctions.

  *Le film rapporte des faits **terrifiants**.*
  [adjectif verbal]

- Pour les **distinguer**, il faut essayer de mettre la forme en *-ant* au féminin : cela n'est possible qu'avec l'adjectif verbal.

  ***Hurlant** et **gesticulant**, elles se précipitèrent vers la sortie.*
  [participe présent → pas d'accord]

  *Ce film rapporte des histoires **terrifiantes**.*
  [adjectif verbal → accord]

- **Attention !** Certains adjectifs verbaux ont une **orthographe différente** de celle du participe présent.
  Participes présents : *convain**qu**ant, fati**gu**ant*.
  Adjectifs verbaux : *convain**c**ant, fati**g**ant*.

★ 1 Participe présent (PP) ou adjectif verbal (AV) ? Donne la bonne réponse.

1. Souriant et charmant, il séduisait son entourage. → ......
2. Souriant malgré la douleur, il se remit à courir. → ......
3. Cet élève brillant a réussi son examen. → ......
4. Brillant dans l'obscurité, les étoiles étaient rassurantes. → ......

SCORE .... / 4

COUP DE POUCE
Dans la première phrase, remplace *il* par *elle* : s'il faut accorder *souriant* et *charmant*, ce sont des adjectifs verbaux. Sinon, ce sont des participes présents.

★★ 2 Accorde si nécessaire.

1. Précédant ... leurs parents, les enfants couraient sur les sentiers glissant .... **2.** Glissant ... sur les pentes enneigées, les skieurs effectuent d'étonnant ..... virages. **3.** Étonnant ..... ses amis, Pierre a sauté en parachute. **4.** Étonnant ....., ses acrobaties ont été applaudies. **5.** Confiant ....., les joueurs de l'équipe ont affirmé qu'ils allaient gagner. **6.** Confiant ..... leurs inquiétudes, les joueurs de l'équipe ont reconnu que leurs adversaires étaient redoutables.

SCORE .... / 8

★★ 3 Ajoute la ou les lettres qui manquent. Attention ! Cela n'est pas toujours nécessaire.

1. Ce travail est fatig ..... ant. **2.** Fatig ..... ant son père, elle fait son caprice. **3.** Provo ..... ant un accident, il a freiné à tort. **4.** Provo ..... ant par son attitude, il est exclu du collège. **5.** Le personnel navig ..... ant a embarqué dans l'avion. **6.** Il a voyagé en navig ..... ant sur son voilier.

SCORE .... / 6

INFO
L'orthographe du participe présent et celle de l'adjectif verbal diffèrent pour les verbes en *-guer* et *-quer*.

DICTÉE PRÉPARÉE

Voici décrite l'horreur de la guerre de 1914-1918. La scène se déroule dans un cimetière…

Au centre, devant le saint impassible, les torpilles piochent, hachant les soldats sous les dalles, écrasant les blessés au pied des croix. Dans les tombes, sur les gravats, cela geint, cela se traîne. Quelqu'un s'abat près de moi et me saisit furieusement la jambe en râlant.
Les coups précipités nous cognent sur la nuque. Cela tombe si près qu'on chavire, aveuglé d'éclatements. Nos obus et les leurs se joignent en hurlant. On ne voit plus, on ne sait plus. Cette meute de feu nous cerne. Les croix broyées nous criblent d'éclats sifflants… Les torpilles, les grenades, les obus, les tombes même éclatent. Tout saute, c'est un volcan qui crève. La nuit en éruption va nous écraser tous…
Au secours ! Au secours ! On assassine des hommes !

D'après Roland Dorgelès, *Les Croix de bois* (1919), © Albin Michel.

4 Participe présent, gérondif ou adjectif verbal ?

a. Surligne les participes présents, souligne les gérondifs et encadre l'adjectif verbal.

b. Classe-les ensuite dans le tableau suivant.

Adjectif verbal	Participes présents	Gérondifs
....	....	....
	....	....

SCORE ……… / 5

COUP DE POUCE
Le gérondif est précédé de la préposition *en*.

5 Cite une différence entre le participe présent et l'adjectif verbal.

1. Le participe présent est ....

2. L'adjectif verbal ....

SCORE ……… / 2

6 *On* ou *ont* ?

a. Que représente le pronom *on* dans ces phrases extraites de la dictée ?

1. *On chavire* : ....

2. *On ne voit plus, on ne sait plus* : ....

3. *On assasine des hommes* : ....

b. Observe le verbe dans ces phrases : est-il au singulier ou au pluriel ?

Il est au ....

c. Complète les deux phrases suivantes par *on* ou *ont*.

1. Dans les tranchées, ... craint les attaques au gaz.

2. Dans les tranchées, les hommes .... craint les attaques au gaz.

SCORE ……… / 6

INFO
On peut signifier :
– nous
– quelqu'un
– des personnes indéterminées.

COUP DE POUCE
Ont peut être remplacé par *avaient*.

7 DICTÉE NON PRÉPARÉE Et maintenant, fais-toi dicter le texte figurant dans le livret, p. 6.

Corrigés p. 6

TOTAL ……… / 31

6 Écrire un verbe au présent de l'indicatif et de l'impératif

- Au **présent de l'indicatif**, tous les verbes prennent les terminaisons ***-ons***, ***-ez***, ***-(e)nt*** aux trois personnes du **pluriel**.
  Les seules exceptions sont : *nous sommes, vous êtes, vous faites, vous dites.*
  Aux trois personnes du **singulier**, il faut distinguer :
  – les verbes du 1er groupe qui prennent les terminaisons ***-e***, ***-es***, ***-e*** ;
  je crie, tu cries, il crie
  – les autres verbes qui prennent en général les terminaisons ***-s***, ***-s***, ***-t***.
  je ris, tu ris, il rit
  Pour les autres terminaisons, voir chapitre 8, p. 20.
- Au **présent de l'impératif**, les verbes ne se conjuguent qu'à trois personnes : 2e personne du singulier et deux premières personnes du pluriel.
  Ils prennent en général les **mêmes terminaisons** qu'au présent de l'indicatif.
  viens, venons, venez
  Attention ! Les verbes du 1er groupe se terminent par *-e*, et non par *-es*, à la 2e personne du singulier.
  Donne-moi tes coordonnées.

★ 1 Relie chaque verbe conjugué à la 3e personne du singulier du présent à son infinitif.

il dort •	• lire
il dore •	• lier
il lie •	• dormir
il lit •	• dorer

SCORE .... / 4

COUP DE POUCE
Quand la terminaison est *-e*, l'infinitif correspondant est celui d'un verbe du 1er groupe (en *-er*).

★★ 2 Réécris les consignes suivantes à l'impératif, à la 2e personne du singulier.

Pour écrire un récit

(imaginer) .... tout d'abord une histoire.

(prendre) .... le temps de décrire les lieux et les personnages.

(créer) .... des péripéties.

(choisir) .... d'écrire au présent ou au passé.

(être) .... attentif à la conjugaison des verbes.

(mettre) .... rigoureusement la ponctuation.

(vérifier) .... l'orthographe.

(soigner) .... (son) .... écriture en recopiant.

Surtout, (ne pas oublier) .... de te relire.

SCORE .... / 12

ATTENTION
N'oublie pas qu'il n'y a pas de s à la deuxième personne du singulier des verbes du premier groupe sauf s'il est nécessaire pour la liaison.
Ex. : *Goûtes-en un.*

DICTÉE PRÉPARÉE

La scène se situe à Paris, pendant l'Occupation. Joseph et Maurice sont deux jeunes Juifs.

– À ton tour, Jo.
Je m'approche, mon veston à la main. Il est huit heures et c'est encore la nuit complète dehors. Maman est assise sur la chaise derrière la table. Elle a un dé, du fil noir et ses mains tremblent. Elle sourit avec les lèvres seulement.
Je me retourne. Sous l'abat-jour de la lampe, Maurice est immobile. Du plat de la paume il lisse sur son revers gauche l'étoile jaune cousue à gros points : JUIF.
Maurice me regarde.
– Pleure pas, tu vas l'avoir aussi, ta médaille.
Bien sûr que je vais l'avoir, tout le quartier va l'avoir. Ce matin, lorsque les gens sortiront, ce sera le printemps en plein hiver, une floraison spontanée : chacun son gros coucou étalé à la boutonnière.

Joseph Joffo, *Un sac de billes* (1973), © Jean-Claude Lattès.

3 Le présent de l'indicatif

a. Dans la dictée, surligne les verbes au présent de l'indicatif et encadre le verbe au présent de l'impératif.

b. Analyse les verbes du tableau selon l'exemple.

Forme du texte	Mode et temps	Groupe	Sujet	Terminaison
m'approche	*indicatif présent*	*1er groupe*	*je*	*-e*
sourit	....	....	....	....
tremblent	....	....	....	....
pleure	....	....	....	....
vas	....	....	....	....

c. Relève dans le texte les trois personnes du présent de l'indicatif du verbe *aller* puis donne les trois autres personnes.

1. .... **3.** .... **5.** ....

2. .... **4.** .... **6.** ....

SCORE ..../ 37

ATTENTION
Dans ce récit rédigé au présent, on trouve aussi deux verbes au futur.

COUP DE POUCE
Pour retrouver le sujet, pose la question *qui est-ce qui ?* ou *qu'est-ce qui ?* avant le verbe.

4 Mots variables ou invariables ?

a. Observe le texte de la dictée : qu'ont en commun les mots soulignés ?

....

b. Complète les phrases ci-dessous avec *a* ou *à*.

1. Il dort ...... poings fermés. **2.** Il ...... l'habitude de se réveiller ...... sept heures.

3. Son réveil, il ne l'...... pas entendu : il ne sera pas ...... l'heure ...... son rendez-vous.

4. Il a ...... décidé de se rendre ...... la piscine ...... pied.

SCORE ..../ 7

COUP DE POUCE
Si tu peux remplacer *a* par *avait*, tu sauras qu'il s'agit du verbe *a* de l'auxiliaire *avoir*, et non de la préposition *à*.

5 DICTÉE NON PRÉPARÉE
Et maintenant, fais-toi dicter le texte figurant dans le livret, p. 7.

Corrigés p. 7

TOTAL ..../ 60

7 Connaître les variations de radical de certains verbes du 1er groupe

- Un verbe du 1er groupe se conjugue aux différents temps **sur le même radical** (*chant-* pour le présent de *chanter*).
- Il existe cependant **quelques exceptions** (voir les rectifications orthographiques, R2, p. 61).

Verbes	Règles	Exemples	Exceptions
en *-cer*	Ils prennent une **cédille** sous le ***c*** devant ***a*** et ***o***.	*nous lançons*	
en *-ger*	Ils prennent un ***e*** après le ***g*** devant ***a*** et ***o***.	*nous mangeons*	
en *-guer*	Ils conservent toujours le ***u***.	*nous naviguons*	
en *-oyer* et *-uyer*	Ils changent le ***y*** en ***i*** devant un ***e* muet**.	*je nettoie* *ils nettoient*	
en *-ayer*	Ils peuvent conserver le ***y***.	*je paie* ou *je paye*	
en *-eter*	Ils doublent le ***t*** devant un ***e* muet**.	*je jette* (mais *nous jetons*)	*acheter, fureter, haleter*... (accent grave sur le *e*)
en *-eler*	Ils doublent le ***l*** devant un ***e* muet**.	*j'appelle* (mais *nous appelons*)	*ciseler, déceler, démanteler, écarteler, geler, modeler, marteler, peler* et leurs composés (accent grave sur le *e*)

1 ★

a. Complète avec une cédille si nécessaire.

vous placez • nous placons • ils placent • il avance • vous avancez • nous avancons

b. Complète avec un accent si nécessaire.

ils appellent • je pele • il halete • il jette • ils démantelent • elle se rappelle

c. Complète avec la lettre qui manque.

nous navig ...... ons • nous corrig ...... ons • j'appel ...... e • il rejet ...... e

SCORE .... / 16

COUP DE POUCE
N'oublie pas qu'un *e* suivi d'une consonne double se prononce [ɛ] et n'a donc pas besoin d'être accentué.

2 ★★

Conjugue les verbes entre parenthèses au présent de l'indicatif.

1. Les enfants ne .... (payer) pas. **2.** Mes cousins et moi, nous .... (se balancer). **3.** Si tu .... (appuyer) sur cette touche, l'appareil se mettra en marche. **4.** Il .... (épeler) son nom. **5.** Le petit chien .... (fureter) partout. **6.** Un chien est tombé dans le canal, il .... (se noyer). Des passants .... (appeler) les pompiers.

SCORE .... / 7

ATTENTION
Épeler et *appeler* se conjuguent de la même manière.

DICTÉE PRÉPARÉE

Le narrateur de cette nouvelle de Maupassant aime la nuit avec passion...

Le jour me fatigue et m'ennuie. Il est brutal et bruyant. Je me lève avec peine, je m'habille avec lassitude, je sors avec regret, et chaque pas, chaque mouvement, chaque geste, chaque parole, chaque pensée me fatigue comme si je soulevais un écrasant fardeau.
Mais quand le soleil baisse, une joie confuse, une joie de tout mon corps m'envahit.
Je m'éveille, je m'anime. À mesure que l'ombre grandit, je me sens tout autre, plus jeune, plus fort, plus alerte, plus heureux. Je la regarde s'épaissir, la grande ombre douce tombée du ciel : elle noie la ville, comme une onde insaisissable et impénétrable, elle cache, efface, détruit les couleurs, les formes, étreint les maisons, les êtres, les monuments de son imperceptible toucher.

Guy de Maupassant, « La Nuit », *Le Horla et autres récits fantastiques* (1888).

3 Les particularités des verbes du premier groupe

a. Surligne dans la dictée les verbes du 1er groupe au présent de l'indicatif.

b. Parmi ces verbes, quels sont ceux qui présentent des particularités de conjugaison ? Remplis le tableau selon l'exemple.

Verbes présentant des particularités de conjugaison	Particularités de conjugaison
fatiguer	*Les verbes en -guer conservent toujours le u même devant un o : nous fatiguons.*
....	....
....	....
....	....

SCORE .... / 17

COUP DE POUCE
N'hésite pas à les mettre à l'infinitif pour vérifier qu'il s'agit bien de verbes en *-er*. Il y en a onze et l'un d'eux est employé deux fois.

INFO
Il y a deux verbes concernés par la même règle.

4 L'accord du verbe

a. Observe dans la dictée l'accord du verbe en couleur. Que constates-tu ?

....

b. Explique-le.

....

....

SCORE .... / 2

5 DICTÉE NON PRÉPARÉE Et maintenant, fais-toi dicter le texte figurant dans le livret, p. 8.

Corrigés p. 8

TOTAL .... / 42

8 Écrire certains verbes difficiles du 3e groupe au présent de l'indicatif

▸ Au présent de l'indicatif, les verbes du 3e groupe prennent généralement les terminaisons *-s*, *-s*, *-t* aux trois personnes du singulier.
Attention, cependant, à ces règles particulières.

Verbes	Règles	Exemples	Exceptions
en *-dre*	*-ds*, *-ds*, *-d*	*je couds, tu couds, il coud, nous cousons, vous cousez, ils cousent*	Les verbes en *-indre* et *-soudre* se terminent au singulier par *-s*, *-s*, *-t*. *je peins, tu peins, il peint, nous peignons, vous peignez, ils peignent* *je résous, tu résous, il résout*
en *-tre*	*-ts*, *-ts*, *-t*	*je mets, tu mets, il met* *je bats, tu bats, il bat*	
en *-tir*	*-s*, *-s*, *-t*	*je mens, tu mens, il ment*	le verbe *vêtir* : *je vêts, tu vêts, il vêt*
en *-aître* ou *-oître*	Ils ne gardent l'accent circonflexe que devant un *t*.	*je parais, tu parais, il paraît* Voir R1, p. 61.	Le verbe *croître* garde l'accent circonflexe à chaque fois qu'il y a une confusion possible avec le verbe *croire*. *je croîs, tu croîs, il croît*
vouloir pouvoir valoir	*-x*, *-x*, *-t*	*je veux, tu veux, il veut* *je peux, tu peux, il peut* *je vaux, tu vaux, il vaut*	

★ **1 Relie chaque forme verbale à son infinitif.**

il croît •
il croit •
tu croîs •
tu crois •

• croire
• croître

il peint •
il peigne •
nous peignons •

• peindre
• peigner

SCORE ..../ 8

COUP DE POUCE
Tiens compte de l'accent circonflexe. Une des formes correspond à deux infinitifs.

★★ **2 Conjugue correctement les verbes suivants au présent de l'indicatif.**

1. Pourquoi men ...... -tu ?
2. Il croi ...... que tout est facile.
3. Il pein ...... les murs de sa chambre.
4. Je recou ...... les boutons de mon manteau.
5. Il résou ...... facilement tous les problèmes.
6. Il gein ...... sans cesse et se plain ...... souvent.

SCORE ..../ 7

ATTENTION
Ne confonds pas les verbes terminés par *-oudre* avec ceux terminés par *-soudre* : *coudre* ne se conjugue pas comme *résoudre*.

DICTÉE PRÉPARÉE

Nous sommes sous l'occupation allemande. Abraham et Hannah, les parents de Louis, expliquent à leur fils qu'il ne doit jamais reconnaître qu'il est juif, que sa vie en dépend.

– Peut-être le directeur de la mine est-il un brave homme, mais la Kommandantur a exigé la liste des mineurs juifs, et il a dû obéir. Nous sommes quatre et je crains pour mon travail.
– C'est injuste ! s'indigna Louis.
Le visage de Hannah se détendit. À plusieurs reprises, elle cligna de l'œil.
– Écoute. Écoute… fiston… ce que ton père dira et, surtout, ne l'oublie pas. Jamais.
Abraham toussota.
– Louis, n'admets jamais que tu es juif. Même si on te le demande. Mens, mens toujours, mens même si on te menace, mens même si on te promet des récompenses fabuleuses. À compter de maintenant, tu es Louis. Seulement Louis. Est-ce que… est-ce que tu comprends, Louis ?

D'après Jean-Paul Nozière, *La Chanson de Hannah*, © Nathan, 1990.

★ 3 Les verbes difficiles du 3e groupe

a. Surligne dans la dictée les cinq verbes du 3e groupe au présent de l'indicatif ou de l'impératif.

b. Donne leur infinitif.

1. .... **4.** ....

2. .... **5.** ....

3. ....

c. Classe-les dans le tableau ci-dessous.

	Verbes en *-dre*	Verbes en *-indre*	Verbes en *-tre*	Verbes en *-tir*
Infinitif	....	....	....	....
Terminaisons	....	....	....	....

SCORE .... **/ 18**

ATTENTION
Classe bien le verbe *craindre* dans les verbes en *-indre* !

★ 4 Les verbes du 1er groupe à l'indicatif et à l'impératif présent

a. Relève deux verbes du 1er groupe à l'impératif.

1. .... **2.** ....

b. Que constates-tu ? ....

....

c. Ajoute un *s* si nécessaire aux formes verbales suivantes.

1. Donne ......-moi ton adresse.

2. Pense ...... à consulter tes mails.

3. Si tu me donne ...... ton adresse, je t'écrirai.

4. Pense ......-tu pouvoir me répondre rapidement ?

SCORE .... **/ 7**

COUP DE POUCE
Consulte la leçon du chapitre 6, p. 16.

INFO
Si le verbe est accompagné du pronom tu, ce n'est pas un impératif : il n'y a pas de pronom sujet à ce mode.

★ 5 DICTÉE NON PRÉPARÉE

Et maintenant, fais-toi dicter le texte figurant dans le livret, p. 9.

Corrigés p. 9

TOTAL .... **/ 40**

9 Accorder le verbe avec son sujet

- Le verbe **s'accorde** avec le sujet, quelle que soit sa **place**.
Pour trouver le sujet, il suffit de poser la question *Qui est-ce qui ?* ou *Qu'est-ce qui ?* avant le verbe.
  - Prends garde à ces deux cas de figure :
  – le sujet est **inversé**, c'est-à-dire placé après le verbe ;
  *Sur la plus haute branche de l'arbre étai**ent** caché**s** **trois petits nids**.*
  sujet inversé
  – le sujet est **éloigné du verbe** ou en est séparé par des pronoms.
  ***Ses parents** lui manqu**aient**. **Thomas** les appel**ait** tous les jours.*
  - **Attention !** Si le sujet est un GN composé d'un nom noyau et d'un complément du nom, on accorde généralement le verbe avec le noyau du GN.
  *Un magnifique **bouquet** de fleurs s'épanouiss**ait** dans un grand vase.*
  - Lorsqu'il y a **plusieurs sujets**, le verbe se met au pluriel.
  ***Pierre et Paul** **veulent** venir avec nous.*
  sujets coordonnés
- Le verbe **s'accorde** avec le sujet, quelle que soit sa **classe grammaticale**.
  - **Attention** au pronom relatif ***qui***.
  Pour faire correctement l'accord, il faut en rechercher l'antécédent.
  *Les films qui **sont** programmés dans ce cinéma sont tous en VO.*
  sujet (mis pour *films*)
  - Avec le pronom ***on***, le verbe se met au singulier. ***On** aim**e** beaucoup ce film.*
  - Avec ***la plupart***, le verbe se met généralement au pluriel.
  ***La plupart** des adolescents n'aim**ent** pas beaucoup les contraintes.*
  - Le présentatif ***c'est*** s'accorde avec le nom ou le GN qui suit, sauf avec *nous* et *vous*.
  *Ce **sont** des idiots ! C'**est** nous !*

★ 1 Relie le sujet avec le verbe correctement accordé.

La plupart des maisons •	• a souffert du tremblement de terre.
Le pâté de maisons •	• ont souffert du tremblement de terre.
Chaque maison •	

SCORE ..../ 3

COUP DE POUCE
Il y a deux accords au singulier et un au pluriel.

★★ 2 Ajoute la terminaison des verbes ou conjugue-les aux temps demandés.

1. Tout au fond d'une ruelle, derrière une poubelle se cache...... de minuscules chatons apeurés. **2.** C'étai...... mes amis qui .... (*venir* à l'imparfait) me chercher. **3.** C'est vous qui .... (*venir* au futur) me chercher. **4.** Je vous .... (*attendre* au futur) demain à dix heures. **5.** Le chien, après avoir longuement léché les os, les enterre...... à présent dans le jardin. **6.** Mon frère et ma sœur .... (*venir* au futur) m'attendre à la gare. **7.** La plupart des enfants .... (*savoir* au présent) leur leçon par cœur. **8.** Ce cortège de manifestants se dirige...... vers la place de la Bastille.

SCORE ..../ 9

ATTENTION
- Il y a un sujet inversé !
- Ne te laisse pas distraire par la présence du pronom *vous* devant le verbe *attendre* : ce n'est pas le sujet.

DICTÉE PRÉPARÉE

Le narrateur s'est inventé un frère idéal...

Longtemps mon frère m'a aidé à surmonter mes peurs. Une pression de sa main sur mon bras, ses doigts qui ébouriffaient mes cheveux et je trouvais la force de franchir les obstacles.
Sur les bancs de l'école le contact de son épaule contre la mienne me rassurait et souvent, si l'on m'interrogeait, le murmure de sa voix à mon oreille me soufflait la bonne réponse.
Il affichait la fierté des rebelles qui balayaient les obstacles, des héros de cour de récréation suspendus au vol d'un ballon, des conquérants qui escaladaient les grilles. Je les admirais, le dos collé au mur, incapable de rivaliser avec eux, attendant la cloche libératrice pour retrouver enfin mes cahiers. Je m'étais choisi un frère triomphant.

Philippe Grimbert, *Un secret*, © Grasset, 2004.

3 **Surligne les verbes conjugués et encadre leur sujet.**

SCORE .... / 22

4 **L'accord du verbe**

a. Explique plus précisément l'accord des trois verbes soulignés.

1. ébouriffaient → ....
2. balayaient → ....
3. escaladaient → ....

b. Quel autre accord aurait été possible pour le verbe *balayer* ? Explique-le.

....

....

SCORE .... / 4

5 **Infinitif ou participe passé ?**

a. Relève les infinitifs et les mots qui les introduisent.
Ex. : *à surmonter*

1. .... 2. .... 3. ....

b. Quelle est la classe grammaticale des mots qui précèdent ces infinitifs ?

....

c. Quelle règle peux-tu tirer de cette observation ?

....

d. Complète les phrases suivantes en mettant le verbe à l'infinitif ou au participe passé.

1. Mon équipe a gagn ...... tous ses matchs. • 2. J'ai commencé à révis ...... mes leçons d'histoire. • 3. Pierre a étudi ...... le solfège pour apprendre à jou ...... du piano. • 4. Pour chang ......, il a décid ...... de fêt ...... son anniversaire à la campagne.

SCORE .... / 12

6 **DICTÉE NON PRÉPARÉE** Et maintenant, fais-toi dicter le texte figurant dans le livret, p. 10.

COUP DE POUCE
Pour identifier les sujets, tu peux utiliser la formule *c'est... qui*.

INFO
Le sujet de ces trois verbes est le pronom relatif *qui*.

COUP DE POUCE
Tu peux remplacer le verbe du premier groupe par un verbe d'un autre groupe.
J'ai commencé à revoir mes leçons
→ *réviser.*

Corrigés p. 10

TOTAL .... / 50

10 Accorder un participe passé : cas simples

- Le participe passé employé avec l'auxiliaire ***être*** s'accorde en genre et en nombre avec le sujet des verbes.

  *Les matchs de la Coupe du monde **sont** tous diffusé**s** à la télévision.*
  sujet

- Le participe passé employé avec l'auxiliaire ***avoir*** reste invariable, sauf si le COD est placé avant le verbe.

  *J'**ai** regard**é** tous les matchs de la Coupe du monde.*
  COD placé après

  *Tous les matchs que j'**ai** vu**s** étaient pleins de rebondissements.*
  COD placé avant

- Le participe passé employé comme **adjectif** s'accorde avec le nom qu'il qualifie.

  *Le match diffus**é** ce soir oppose la France et le Brésil.*

1 Accorde si nécessaire les participes passés.

1. la pièce que Juliette a joué ....
2. le roman que mon amie m'a recommandé ....
3. la fraise que j'ai mangé ....
4. la fraise dans laquelle j'ai mordu ....
5. les fruits que j'ai ramassé ....
6. la chienne qui a été battu ....
7. les enfants qui se sont perdu ....
8. les enfants qu'on a perdu ....

SCORE ..../ 8

COUP DE POUCE
Que est ici pronom relatif COD mis pour l'antécédent de la relative.

2 a. **Dans les phrases suivantes, surligne l'auxiliaire *être* ou *avoir*.**

b. **Souligne le sujet pour l'auxiliaire *être* et le COD pour l'auxiliaire *avoir*. Observe si le COD est placé avant ou après.**

c. **Accorde si nécessaire le participe passé.**

1. Tu n'as pas répondu ...... aux messages que je t'ai envoyé ......
2. Je les ai attendu ...... longtemps mais elles ne sont pas venu ......
3. Ces livres déchirés n'ont pas été couvert ...... Ils ont perdu ...... plusieurs pages.
4. Les chansons qu'a enregistré ...... cet artiste sont régulièrement diffusé ...... à la radio.

SCORE ..../ 16

COUP DE POUCE
Il y a deux participes passés qui ne s'accordent pas.

ATTENTION
Ont été est le passé composé de l'auxiliaire *être*. Il ne s'agit pas de l'auxiliaire *avoir*.

DICTÉE PRÉPARÉE

Le jeune narrateur, Jim Hawkins, raconte l'arrivée d'un vieux marin…

Je me le rappelle comme si c'était hier. Il arriva d'un pas lourd à la porte de l'auberge, suivi de sa cantine charriée sur une brouette. C'était un grand gaillard solide, aux cheveux très bruns tordus en une queue poisseuse qui retombait sur le collet d'un habit bleu malpropre ; il avait les mains couturées de cicatrices, les ongles noirs et déchiquetés, et la balafre qui s'étalait en travers de sa joue était d'un blanc sale et livide. Tout en sifflotant, il parcourut la crique du regard, puis de sa vieille voix stridente et chevrotante qu'avaient rythmée et cassée les manœuvres de cabestan, il entonna cette antique rengaine de matelot qu'il devait nous chanter si souvent par la suite :

Nous étions quinze sur le coffre du mort…
Yo-ho-ho ! et une bouteille de rhum !

Robert Louis Stevenson, *L'Île au trésor* (1883), trad. D. Serval, © Flammarion.

3 L'accord du participe passé

a. Surligne dans la dictée les six participes passés. Classe ensuite dans le tableau les participes passés employés comme adjectifs et les noms ou pronoms avec lesquels ils s'accordent.

Participes passés employés comme adjectifs	S'accordent avec…
....	....
....	....
....	....
....	....

ATTENTION
Il y a quatre participes passés à classer dans le tableau.

b. Relève les deux participes passés employés avec l'auxiliaire *avoir*, et explique l'accord.

1. ....

2. ....

Règle : ....

SCORE .... / 17

4 Accorde correctement les participes passés et écris la règle qui correspond.

1. Sa cantine était charrié...... sur une brouette.

Règle : ....

2. Les manœuvres de cabestan avaient rythmé .... et cassé .... sa voix stridente et chevrotante.

Règle : ....

COUP DE POUCE
Commence par identifier l'auxiliaire puis souligne le sujet ou le COD.
Si le COD est placé après, n'accorde pas le participe passé.

SCORE .... / 5

5 Relève dans la dictée un sujet inversé.

....

SCORE .... / 1

6 DICTÉE NON PRÉPARÉE Et maintenant, fais-toi dicter le texte figurant dans le livret, p. 11.

Corrigés p. 11

TOTAL .... / 47

11 Accorder un participe passé : cas particuliers

- Le participe passé des **verbes impersonnels** reste toujours invariable.

  *Il a **soufflé** un vent à décorner les bœufs.*

- Le participe passé **employé avec *avoir* et suivi d'un infinitif** s'accorde avec le COD si celui-ci accomplit l'action exprimée par l'infinitif, sinon il reste invariable.

  *les musiciens que j'ai entendu**s** jouer* [*que* = les musiciens ; ce sont eux qui jouent]
  *la partition que j'ai entend**u** jouer* [*que* = la partition ; elle ne joue pas, elle est jouée]

- Le participe passé ***fait* suivi d'un infinitif** reste toujours invariable.

  *Ils se sont fai**t** remarquer par leur extravagance.*

- Le participe passé des **verbes pronominaux** s'accorde ou reste invariable selon les cas. Celui des verbes **essentiellement pronominaux** (qui n'existent qu'à la forme pronominale) s'accorde avec le sujet.

  *Elle s'est évanoui**e**. Ils se sont absenté**s**.*

  Celui des autres **verbes pronominaux** :
  – s'accorde avec le pronom réfléchi (*me*, *te*, *se*...) lorsqu'il est COD ;

  *Elle s'est lav**ée**.* [*se* est COD → elle a lavé elle-même]

  – reste invariable lorsque le pronom réfléchi n'est pas COD.

  *Ils se sont parl**é**.* [*se* est COI → ils ont parlé l'un **à** l'autre]

★ 1 Relie les groupes nominaux à la relative qui convient.

les chansons •	• que j'ai entendu chanter
les filles •	• que j'ai entendues chanter
les pièces de théâtre •	• que j'ai vues jouer
les comédiennes •	• que j'ai vu jouer

SCORE .... / 1

★★ 2 Accorde les participes passés si nécessaire.

1. Ils se sont connecté ...... sur Internet pour avoir des informations. **2.** Mon père et moi, nous nous sommes téléphoné ...... tous les jours. **3.** Les campeurs se sont lavé ...... dans le ruisseau. **4.** Après avoir peint, ma sœur s'est lavé ...... les mains.

SCORE .... / 4

COUP DE POUCE
Observe les verbes : sont-ils suivis d'un COD ou d'un COI ? Le COD est-il placé avant ou après ?

★★ 3 Accorde les participes passés si nécessaire.

Les enfants se sont bien amusé .... Ils se sont poursuivi ...... dans le parc et se sont jeté ...... de l'eau. Ils se sont déguisé ...... et se sont fait ...... remarquer par leurs cris. Il y en a deux qui se sont perdu ...... et deux qui se sont légèrement blessé ....

SCORE .... / 7

ATTENTION
Rappelle-toi que le participe passé *fait* suivi d'un infinitif est invariable.

DICTÉE PRÉPARÉE

Une petite fille de dix ans surnommée Belle de jour *est retrouvée morte...*

Premier lundi de décembre. Chez nous. 1917. Un temps de Sibérie. La terre claquait sous les talons et le bruit résonnait jusque dans la nuque. Je me souviens de la grande couverture qu'on avait jetée sur le corps de la petite, et qui s'est vite trempée.
Ce n'est guère gros un corps de dix ans, qui plus est mouillé par une eau d'hiver. Berfuche a tiré un coin de la couverture, puis il a soufflé dans ses mains pour se réchauffer. Le visage de *Belle de jour* est apparu. Quelques corbeaux sont passés sans bruit.
Elle ressemblait à une princesse de conte aux lèvres bleuies et aux paupières blanches. Ses cheveux se mêlaient aux herbes roussies par les matins de gel. Ses petites mains s'étaient fermées sur du vide.

D'après Philippe Claudel, *Les Âmes grises* (2003), © Stock, 2013.

4 **Relie le participe passé en couleur au groupe nominal ou au pronom avec lequel il s'accorde.**

1. Le narrateur se souvient de la sensation de froid qu'il avait ressentie ce jour-là.
2. Il a soufflé dans ses mains pour se réchauffer.
3. Le visage de *Belle de jour* est apparu.
4. Quelques corbeaux sont passés sans bruit.

SCORE ..../ 4

5 **Le participe passé des verbes pronominaux**

a. Dans la dictée, surligne deux participes passés de verbes pronominaux. Souligne l'auxiliaire et le pronom réfléchi.

b. Classe-les ensuite dans le tableau.

Verbe pronominal à sens passif	Verbe pronominal réfléchi
....	....

SCORE ..../ 4

6 **Accorde les participes passés.**

1. Ils se sont réchauffé...... en soufflant dans leurs mains.
2. Sa chevelure s'était mêlé...... aux herbes que le gel avaient roussi.......

SCORE ..../ 2

7 **DICTÉE NON PRÉPARÉE** Et maintenant, fais-toi dicter le texte figurant dans le livret, p. 12.

COUP DE POUCE
Reporte-toi si nécessaire à la leçon du chapitre 10, p. 24. Il y a un cas où il n'y a rien à relier car il n'y a pas d'accord.

Corrigés p. 12

TOTAL ..../ 22

12 Écrire un verbe à l'imparfait ou au passé simple

▸ Il faut connaître les **terminaisons** de l'imparfait et du passé simple.
• À l'**imparfait**, les terminaisons sont les mêmes pour tous les verbes de tous les groupes : *-ais, -ais, -ait, -ions, -iez, -aient*.
• Au **passé simple**, les terminaisons varient en fonction du groupe du verbe.

Infinitif	Singulier			Pluriel		
	1re pers.	2e pers.	3e pers.	1re pers.	2e pers.	3e pers.
Verbe en *-er*	-ai	-as	-a	-âmes	-âtes	-èrent
Verbe en *-ir*, *-oir* ou *-re*	-is -us	-is -us	-it -ut	-îmes -ûmes	-îtes -ûtes	-irent -urent
venir, *tenir* et composés	-ins	-ins	-int	-înmes	-întes	-inrent

▸ À l'imparfait, il faut faire attention :
– pour les verbes en *-ier*, au doublement du *i* peu audible : *nous riions* ;
– pour les verbes en *-cer* et *-ger*, à la cédille et au *e* après le *g* devant un *a* : *je lançais, je rangeais...* ;
– pour les verbes en *-guer*, au *u* après le *g* à toutes les personnes : *je naviguais*.

▸ **Attention à la confusion possible** entre les 1res personnes du singulier de l'imparfait (*j'aim**ais***) et du passé simple (*j'aim**ai***) des verbes du 1er groupe.
Pour éviter la confusion, il suffit de **remplacer la 1re personne par la 2e ou la 3e**.

*Alors que je march**ais*** [il march**ait**] *tranquillement dans la rue, je trébuch**ai*** [il trébuch**a**] *tout à coup sur une grosse pierre et tomb**ai*** [il tomb**a**] *lourdement sur le trottoir.*

★ 1 Ajoute la lettre qui manque à ces verbes conjugués à l'imparfait.

je me balan ......ais • nous cri ......ons • ils nag ......aient •
vous brill ......ez • vous ni ......ez • il conjug ......ait

SCORE ..../ 6

★★ 2 Fais la transformation puis accorde les verbes à l'imparfait ou au passé simple.

Je me baladai ...... (il se balad ......) dans la campagne, quand je me trouvai ...... (il se trouv ......) face à un énorme taureau. Je le regardai ...... (il le regard ......) dans les yeux et je tentai ...... (il tent ......) de lui fausser compagnie.

SCORE ..../ 8

COUP DE POUCE
Remplace la 1re personne par une autre pour éviter toute confusion.

★★ 3 Ajoute la terminaison des verbes conjugués à l'imparfait ou au passé simple.

1. Il était grand jour quand je me réveill .... **2.** En cinq minutes, je m'habill ...., aval .... mon chocolat et descendis dans le jardin où se trouv .... mon vélo que j'enfourch .... **3.** Je travers .... la ville et gagn .... le petit bois où m'attend .... mon ami.

SCORE ..../ 8

INFO
• Le passé simple exprime des actions qui se succèdent, bornées dans le temps.
• L'imparfait exprime des faits en cours d'accomplissement.

DICTÉE PRÉPARÉE

Je dormis mal et me réveillai plusieurs fois. Il pouvait être cinq heures du matin, et j'étais éveillé depuis plus de vingt minutes lorsque le coq chanta. Le jour allait se lever. Alors j'entendis distinctement les mêmes pas lourds, le même craquement de l'escalier que j'avais entendus avant de m'endormir. Cela me parut singulier. J'essayai, en bâillant, de deviner pourquoi M. Alphonse se levait si matin. Je n'imaginais rien de vraisemblable. J'allais refermer les yeux lorsque mon attention fut de nouveau excitée par des trépignements étranges auxquels se mêlèrent bientôt le tintement des sonnettes et le bruit de portes qui s'ouvraient avec fracas, puis je distinguai des cris confus. Je m'habillai rapidement et entrai dans le corridor. De l'extrémité opposée partaient des cris et des lamentations, et une voix déchirante dominait toutes les autres : « Mon fils ! mon fils ! »

D'après Prosper Mérimée, *La Vénus d'Ille* (1850).

4 Surligne les trois verbes en *-er* à la 1re personne du singulier de l'imparfait. Souligne les cinq verbes du 1er groupe à la 1re personne du singulier du passé simple.

SCORE ..../ 8

INFO
Repère les terminaisons :
– passé simple = *ai*
– imparfait = *ais*

5 Imparfait ou passé simple ?

a. Réécris les passages suivants en remplaçant la 1re personne du singulier par la 3e.

1. *Je dormis mal et me réveillai plusieurs fois.*

Il ....

2. *J'allais refermer les yeux lorsque mon attention fut de nouveau excitée par des trépignements étranges [...] puis je distinguai des cris confus.*

Il ....

....

b. Quel est l'intérêt de ces transformations ?

....

SCORE ..../ 5

6 Quelle est la particularité du verbe en couleur dans la dictée ?

....

SCORE ..../ 1

COUP DE POUCE
Reporte-toi à la leçon 7, p. 18.

7 Accorder correctement

a. Avec quel groupe nominal le pronom relatif *auxquels* (souligné) s'accorde-t-il ?

Groupe nominal : ....

b. Quels sont les deux sujets du verbe *se mêlèrent* ? Où sont-ils placés ?

• Sujet 1 : ....

• Sujet 2 : ....

c. Quel est le sujet du verbe *s'ouvraient* ? Que remplace-t-il ?

....

SCORE ..../ 6

ATTENTION
C'est ce type de questions que tu dois te poser pour faire les accords qui conviennent.

8 DICTÉE NON PRÉPARÉE Et maintenant, fais-toi dicter le texte figurant dans le livret, p. 13.

Corrigés p. 13

TOTAL ..../ 42

13 Écrire le son [e] à la fin d'un verbe

Le son [e] à la fin d'un verbe peut s'écrire *-é*, *-er* ou *-ez*.

- Il faut distinguer ces différentes formes verbales.

-er	terminaison d'un verbe du 1er groupe à l'infinitif et du verbe *aller*	*Il faut s'échapper* [fuir].
-é(e)(s)	terminaison du participe passé des verbes du 1er groupe et du verbe *aller*	*Il s'est égaré* [perdu].
-ez	terminaison de la 2e personne du pluriel du présent de l'indicatif et de l'impératif	*Venez-vous ?* *Venez !*

- Il faut, lorsqu'il s'agit d'un participe passé, appliquer les règles d'accord qui sont exposées dans les chapitres 10 et 11, pp. 24 et 26.

1 Infinitif, impératif, présent de l'indicatif ou participe passé ? Complète les terminaisons.

1. « Il a pas pu travers ...... les portes ni la fenêtre », affirma le brigadier, qui secoua un à un les barreaux. « Probable que vous vous tromp .... Vous av ...... oubli ...... de ferm ...... quelque chose. » **2.** Il [le médecin] s'était rapproch ...... à son tour du cadavre et il étendit la main pour le touch .... **3.** Il saisit le bras du mort, l'attira de bas en haut, poussa un cri où se mêlaient la stupeur et la crainte et laissa retomb ...... le bras.

D'après J.-H. Rosny Aîné, *L'Assassin surnaturel* (1924), © Flammarion.

SCORE .... / 8

INFO
Le brigadier emploie un registre familier : *il a pas pu* pour *il n'a pas pu*.

2 a. Remplace les verbes en *-er* par un verbe d'un autre groupe et complète les terminaisons.

Ex. : *J'ai regardé (vu) un film. Il a voulu me donner (offrir) un petit chien.*

1. Hier, on a escalad ...... (............................) de gros rochers.

2. Demain, on ira escalad ...... (............................) cette montagne.

3. Mes parents ne m'ont pas autoris ...... (............................) à couch ...... (............................) chez toi.

4. Cette histoire l'a beaucoup attrist ...... (............................).

b. *-é*, *-er* ou *-ez* ? Complète avec la terminaison qui convient.

1. Vous sembl ...... bien inquiets. Av ......-vous bien prépar ...... votre contrôle ?

2. Attend ...... ! Vous av ...... oubli ...... de sign ....

3. Croy ......-vous que tout cela va bientôt cess ...... ?

SCORE .... / 19

COUP DE POUCE
Verbes proposés : *émouvoir, gravir, permettre, dormir.*

COUP DE POUCE
N'hésite pas là aussi à remplacer les verbes du premier groupe par un verbe d'un autre groupe : cela marche à tous les coups.
Exemple : remplace *cesser* par *finir*.

DICTÉE PRÉPARÉE

Ce texte est la suite du texte de l'exercice 1, p. 30.

– Mais tenez, faites l'expérience, brigadier... Soulevez un peu la tête... vous verrez que l'homme n'a presque pas de poids...
L'autre écoutait, les yeux béants, tandis que l'aura des épouvantements passait sur l'échine de Frédéric.
– Voyons, monsieur le docteur... Vous ne vous moquez pas de nous ?
– Essayez ! Essayez ! répéta le docteur d'un ton péremptoire.
Les morts depuis longtemps n'intimidaient pas plus ce gendarme qu'ils n'intimident un interne des hôpitaux... Il en avait tant vu ! Néanmoins, il n'approcha pas celui-ci sans un petit frisson qui devint un long frémissement quand il eut soulevé et laissé retomber la tête...

J.-H. Rosny aîné, *L'Assassin surnaturel* (1924).

3 Les terminaisons verbales en [e]

a. Surligne dans la dictée les participes passés en *-é*, encadre l'infinitif en *-er* et souligne les verbes en *-ez*.

b. Recopie-les ensuite dans le tableau ci-dessous.

Participes passés en *-é*	Infinitif en *-er*	Verbes en *-ez*
....	....	....
....		....
		....
		....
		....

SCORE ..../ 8

4 Classe les formes en *-ez* dans ce second tableau.

Impératif	Indicatif présent	Futur
....	....	....
....		
....		

SCORE ..../ 5

COUP DE POUCE
Les verbes à l'impératif se conjuguent sans pronom sujet.

5 Observe l'accord du verbe souligné dans la dictée.

Le pronom *ils* reprend un GN assez éloigné : lequel ? ....

SCORE ..../ 1

COUP DE POUCE
Pose la question *qui est-ce qui ?* ou *qu'est-ce qui ?* devant le verbe.

6 DICTÉE NON PRÉPARÉE Et maintenant, fais-toi dicter le texte figurant dans le livret, p. 14.

Corrigés p. 14

Plus d'exercices sur www.hatier-entrainement.com

TOTAL ..../ 41

14 Écrire les sons [i] et [y] à la fin d'un verbe

Les sons [i] et [y] à la fin d'un verbe peuvent s'écrire de multiples façons.

Le son [i]

- [i] → participe passé
  - → verbe du 2e groupe → *-i* : *j'ai fini*
  - → verbe du 3e groupe → *-i* : *je suis parti* ; *-is* : *j'ai compris* ; *-it* : *j'ai dit*
- [i] → forme verbale conjuguée
  - → verbe du 1er groupe → *-ie* : *je crie* ; *-ies* : *tu cries* ; *-ient* : *ils crient*
  - → verbe d'un autre groupe au présent ou au passé simple → *-is* : *je ris* ; *-it* : *il rit* ; *-ient* : *ils rient*

Le son [y] à la fin d'un verbe peut s'écrire :

- *-ue*, *-ues*, *-uent* : c'est le présent des verbes du 1er groupe (*je **tue**, tu **tues**, ils **tuent***) ;
- *-us*, *-ut* : c'est le passé simple de certains verbes du 3e groupe (*je me **tus**, il se **tut***) ;
- *-u* : c'est un participe passé (*il est ven**u***).

★ 1 Relie les éléments de chaque colonne entre eux.

je •	• lie •	
tu •	• lies •	• lire
il •	• lis •	• lier
ils •	• lient •	

SCORE ..../ 10

> **COUP DE POUCE**
> Les terminaisons en *–e*, *–es*, *–e*, *–ent* sont celles des verbes du premier groupe (*er*).

★★ 2 Complète le tableau suivant.

Verbes	Présent	Passé simple	Passé composé
lire	je	je	j'ai ....
vivre	tu	tu	tu as ....
savoir		il	il a ....
crier	ils		
dire	il	il	il a ....
mettre		il	il a ....

SCORE ..../ 14

> **COUP DE POUCE**
> Pour connaître la terminaison du participe passé (passé composé), mets-le au féminin.
> *dite* → *dit*
> *mise* → *mis*

> **ATTENTION**
> Pour le verbe *dire*, les terminaisons des trois personnes du singulier sont identiques au présent et au passé simple.

Chouette

4e
CYCLE 4

13-14 ANS

Le guide
Dictées

Les corrigés des exercices
Tous les corrigés détaillés, avec des explications complémentaires

Des dictées complémentaires
Le texte d'une dictée non préparée pour chacun des chapitres du cahier

Des infos parents
Au centre du livret, des informations sur le programme et des conseils pour aider votre enfant dans son travail

Hatier

1 Former le pluriel d'un nom ou d'un adjectif

1 **1.** sorcier • médecin • ogre • conducteur • inspecteur • dieu • avocat
2. cheveu • château • feu • tuyau • bleu • ruisseau • gâteau
3. cheval • travail • éventail • brutal • oral • vitrail • national

EXPLICATION
Pour écrire correctement le pluriel des noms ou adjectifs en *-al*, *-ail*, *-eu*, tu dois connaître les quelques règles et surtout leurs exceptions.

2 **1.** des poids écrasants → un poids écrasant
2. des œufs frais → un œuf frais
3. des genoux cagneux → un genou cagneux

EXPLICATION
Certains noms ou adjectifs s'écrivent avec un *s* ou un *x* au singulier. Retiens plus particulièrement *puits* qui est moins usité que *poids*.
◗ Les adjectifs en *-eux* s'écrivent avec un *x* au singulier. Pense au féminin : *cagneux*, *cagneuse*.

3 **1.** un œil bleu : des yeux bleus
2. un beau vitrail : de beaux vitraux
3. un joyeux carnaval : de joyeux carnavals

4 **a.** Les noms en *eu* se terminent en règle générale au pluriel par un x.
Les noms en *-eau* se termine au pluriel par un x.
Les noms en *ail* se terminent en règle générale au pluriel par un s.
b. Les deux exemples dans la dictée de pluriel de noms en *eu* et *eau* sont : *jeux* et *barreaux*.

5 **a.** Les noms terminés par un s au singulier sont invariables.
b. Les trois exemples de noms terminés par un s au singulier dans la dictée sont : *cours*, *bras* et *repas*.

6 **a.** homophone de *cours* : *cour. Il s'agit de la cour de récréation.*
b. Autres homophones de *court* = court (adjectif) – (il) court (verbe) – (tu) cours (verbe).

7 **a.** Les sujets des verbes soulignés sont *des tourbillons de fumée* et *la flamme d'une bougie*.
b. Ils sont placés après le verbe : ils sont inversés, ce qui complique l'accord.

8 **DICTÉE NON PRÉPARÉE**

Les mots en violet sont en rapport avec la difficulté traitée dans la leçon.
Les mots soulignés seront épelés au cours de la dictée (vocabulaire difficile).

Le portrait de Quasimodo

Nous n'essaierons pas de donner au lecteur une idée de cette bouche en fer à cheval, de ce petit œil gauche obstrué d'un sourcil roux en broussailles tandis que l'œil droit disparaissait entièrement sous une énorme verrue, de ces dents désordonnées, ébréchées çà et là, comme les créneaux d'une forteresse, de cette lèvre calleuse sur laquelle une de ces dents empiétait comme la défense d'un éléphant, de ce menton fourchu, et surtout de la physionomie répandue sur tout cela, de ce mélange de malice, d'étonnement et de tristesse.

La grimace était son visage. Ou plutôt toute sa personne était une grimace.

D'après Victor Hugo, *Notre-Dame de Paris*, 1831.

2 Former le pluriel d'un nom composé

1

	fenêtre
	fenêtres
des porte	bonheur
des portes	bonheurs
des casse	pieds
	cou
	cous

EXPLICATION
- *Des porte-bonheur* : *porte* est ici un verbe (porter bonheur), il est donc invariable.
- *Des portes-fenêtres* : *porte* est ici un nom commun, il prend un s au pluriel. Il s'agit de *fenêtres* qui descendent jusqu'au niveau du sol, faisant ainsi office de portes.
- *Des casse-pieds* : nous avons deux pieds.
- *Des casse-cou* : nous n'avons qu'un cou.

2 **1.** singulier : un casse-noix
→ pluriel : des casse-noix
2. singulier : un presse-citron
→ pluriel : des presse-citron
3. singulier : un serre-tête
→ pluriel : des serre-tête
4. singulier : un tire-bouchon
→ pluriel : des tire-bouchons

EXPLICATION
Le premier élément est un verbe qui reste invariable. Quant au deuxième élément, il peut prendre ou non la marque du pluriel. Ex. : *des serre-tête*, nous n'avons qu'une tête, d'où le singulier. Mais un *serre-livres* étant un objet de bureau servant à maintenir plusieurs livres les uns contre les autres, *livres* s'écrit avec un s même au singulier (*un serre-livres*).

3 **a.** Des guirlandes de piments, des tronçons d'espadon, de thon et de barracuda, des montagnes beiges de patates douces, des bouteilles blanches (rhum agricole), des saladiers, des casse-noisettes, des ventouses roses à déboucher les toilettes, des pattes de lapin (porte-bonheur), des chauves-souris desséchées (porte-malheur), et une foule bigarrée qui caquetait, pourparlait, cancanait, s'insultait, s'esclaffait…
Au bout de l'allée, changement d'atmosphère : quatre boutiques étroites entouraient un rond-point.
– Je vous présente notre marché aux mots, dit monsieur Henri.

b. **1.** des casse-noisettes (verbe + nom)
2. des chauves-souris (adjectif + nom)

EXPLICATION
Attention, *noisettes* prend aussi un s lorsque le nom composé est au singulier car il s'agit d'un appareil pour casser les noisettes.

4 **a.** Il s'agit de compléments du nom.
b. **1.** un château d'eau
2. une pomme de terre
3. un groupe d'étudiants
4. un recueil de poèmes
5. une salade de fruits
6. un fauteuil à bascule
7. un coiffeur pour dames
8. mes dates de vacances

6 **DICTÉE NON PRÉPARÉE**

Les mots en violet sont en rapport avec la difficulté traitée dans la leçon.
Les mots soulignés seront épelés au cours de la dictée (vocabulaire difficile).

Le réfectoire

Au Bonheur des Dames, une vaste cantine accueille chaque midi les employés du grand magasin.

Des cuisiniers, tout blancs dans le rouge sombre de la fonte, surveillaient le pot-au-feu du soir, montés sur des échelles de fer, armés d'écumoires, au bout de grands bâtons. Puis, c'étaient, contre le mur, des casseroles à fricasser un mouton, un chauffe-assiettes monumental, une vasque de marbre emplie par un continuel filet d'eau. Et l'on apercevait encore, à gauche, une laverie, des éviers de pierre larges comme des piscines ; tandis que, de l'autre côté, à droite, se trouvait un garde-manger, où l'on entrevoyait des viandes rouges, à des crocs d'acier. Une machine à peler les pommes de terre fonctionnait avec un tic-tac de moulin.

D'après Émile Zola, *Au Bonheur des Dames*, 1883.

3 Faire les accords dans un groupe nominal

1 **1.** un stylo à bille **2.** une robe à fleurs **3.** un fruit à pépins **4.** un sac de billes **5.** une chemise à carreaux **6.** un fruit à noyau

EXPLICATION
Le stylo n'a qu'une bille mais le sac contient plusieurs billes. La robe a plusieurs fleurs, la chemise plusieurs carreaux, le fruit plusieurs pépins mais il n'a qu'un noyau.

2 **a. 1.** tous les pétales de cette fleur • **2.** les ballons de football noir et blanc avec lesquels nous jouons • **3.** ces beaux chats de gouttière gris • **4.** mes bicyclettes bleues avec lesquelles je me déplace partout
b. 1. ces belles chattes de gouttière grises • **2.** ces enfants auxquelles nous allons rendre visite

EXPLICATION
Ne pas oublier d'accorder le pronom relatif *lequel*. Pour cela rechercher le GN qu'il remplace : *les ballons* → *nous jouons avec les ballons*, *mes bicyclettes bleues* → *je me déplace partout avec mes bicyclettes bleues.*

3 Le scintillement des étoiles et la douce lumière de la lune éclairaient une vallée délicieuse qui déroulait à ses pieds tous ses trésors. Appuyé sur un oranger en fleurs, le chef de bataillon pouvait voir, à cent pieds au-dessous de lui, la ville de Menda, qui semblait s'être mise à l'abri des vents du nord, au pied du rocher sur lequel était bâti le château.
Le château était illuminé. Le joyeux tumulte d'un bal, les accents de l'orchestre, les rires de quelques officiers et de leurs danseuses arrivaient jusqu'à lui, mêlés au lointain murmure des flots. Enfin les jardins étaient plantés d'arbres si odoriférants et de fleurs si suaves que le jeune homme se trouvait comme plongé dans un bain de parfums.

4 **a.** *Tous* et *quelques* sont des déterminants indéfinis. Ils s'accordent avec le nom qu'ils déterminent.
b. 1. toutes ses richesses **2.** tout son monde
c. les rires de quelque officier et de sa danseuse arrivaient jusqu'à lui, mêlés au lointain murmure des flots.

5 Il s'agit de groupes nominaux composés d'un nom noyau au singulier et d'un complément du nom au pluriel.

EXPLICATION
- *Un oranger en fleurs* : un oranger a plusieurs fleurs.
- *Un bain de parfums* : il s'agit du mélange des parfums dans lequel baigne le jeune officier, ceux des arbres et des fleurs.

6 **a. 1.** au pied des rochers sur lesquels était bâti le château • **2.** au pied de la falaise sur laquelle était bâti le château • **b.** Le sujet est inversé, ce qui complique l'accord puisqu'il faut attendre de connaître le sujet pour mettre la terminaison du verbe. • **c.** Au pied du rocher sur lequel étaient bâtis les châteaux.

EXPLICATION
On accorde le pronom relatif *lequel* avec le nom qu'il remplace. Celui-ci est toujours placé devant (antécédent de la relative).

7 **DICTÉE NON PRÉPARÉE**

Les mots en violet sont en rapport avec la difficulté traitée dans la leçon.
Les mots soulignés seront épelés au cours de la dictée (nom propre, vocabulaire difficile).

Esméralda

Une jeune gitane, Esméralda, danse pour le peuple de Paris rassemblé sur la place de Grève.

Dans un vaste espace laissé libre entre la foule et le feu, une jeune fille dansait.

Elle dansait, elle tournait, elle tourbillonnait sur un vieux tapis de Perse, jeté négligemment sous ses pieds ; et chaque fois qu'en tournoyant sa rayonnante figure passait devant vous, ses grands yeux noirs vous jetaient un éclair.

Autour d'elle tous les regards étaient fixes, toutes les bouches ouvertes ; et en effet, tandis qu'elle dansait ainsi, au bourdonnement du tambour de basque que ses deux bras ronds et purs élevaient au-dessus de sa tête, mince, frêle et vive comme une guêpe, avec son corsage d'or sans pli, sa robe bariolée qui se gonflait, avec ses épaules nues, ses jambes fines que sa jupe découvrait par moments, ses cheveux noirs, ses yeux de flamme, c'était une surnaturelle créature.

D'après Victor Hugo, *Notre-Dame de Paris*, 1831.

4 Accorder un adjectif quelle que soit sa fonction

1 – Un dernier détail. La salive d'une sorcière est bleue.
– Bleue ! m'écriai-je. C'est impossible ! Aucune salive n'est bleue.
– Bleu myrtille ! précisa-t-elle.
– C'est absurde, Grand-mère. Aucune femme n'a la salive bleu myrtille !
– Si, les sorcières ! répliqua-t-elle.
– Bleue comme de l'encre ? demandai-je.
– Exactement, dit-elle. Elles utilisent des porte-plume et elles n'ont qu'à lécher la plume pour écrire !

2 **1.** une chemise chaude → des chemises chaudes
2. une chemise prune → des chemises prune
3. un sac rouge → des sacs rouges
4. un sac rouge vif → un sac et une valise rouge vif
5. un souvenir doux-amer → une pensée douce-amère
6. un balcon bien orienté → un balcon et une terrasse bien orientés

3 Son visage donnait une impression de force, avec son nez fin mais aquilin, des narines particulièrement larges, un front haut et bombé, des cheveux qui se clairsemaient aux tempes, mais, ailleurs, épais et abondants. Les sourcils, massifs, se rejoignaient presque à l'arête du nez et paraissaient boucler tant ils étaient denses. La bouche, pour autant que je pusse l'entrevoir, sous l'épaisse moustache, présentait quelque chose de cruel, sans doute en raison des dents éclatantes et particulièrement pointues. Elles avançaient au-dessus des lèvres elles-mêmes dont le rouge vif soulignait une vitalité étonnante chez un homme de cet âge. Les oreilles étaient pâles et se terminaient en pointes.
b. fin, aquilin → nez ; larges → narines ; haut, bombé → front ; épais, abondants → cheveux ; massifs, denses → sourcils ; épaisse → moustache ; éclatantes, pointues → dents ; vif → rouge ; étonnante → vitalité ; pâles → oreilles

EXPLICATION
Fais particulièrement attention lorsque les adjectifs sont séparés du nom par des mots ou des groupes de mots plus ou moins longs. C'est le cas pour *épais* et *abondants* qui s'accordent avec *cheveux*.

4 **a.** *Rouge* n'est pas employé ici comme adjectif mais comme nom (un rouge).
b. L'adjectif *vif* s'accorde avec le nom qu'il qualifie : rouge.

EXPLICATION
- Si *rouge* est un nom et qu'il est au pluriel, l'adjectif le sera aussi : *des rouges vifs*.
- Ne pas confondre ce GN avec l'adjectif de couleur composé *rouge vif*, toujours invariable.

5 **a. 1.** des lèvres (rouge vif) rouge vif
2. une bouche (rouge vif) rouge vif
b. L'adjectif de couleur composé est invariable.

6 **a.** *donnait* → *son visage*
se clairsemaient → qui (des cheveux)
se rejoignaient et paraissaient → les sourcils
étaient → ils (les sourcils)
pusse → je
présentait → la bouche
avançaient → elles (les dents)
soulignait → le rouge vif
étaient et se terminaient → les oreilles
b. Les verbes en *-cer* prennent une cédille sous le *c* devant un *a* : *avançaient*.

7 **DICTÉE NON PRÉPARÉE**

Les mots en violet sont en rapport avec la difficulté traitée dans la leçon.
Les mots soulignés seront épelés au cours de la dictée (nom propre).

Le portrait de Colomba

Lors d'un séjour en Corse avec son père, la jeune Lydia Nevil rencontre une jeune femme qui l'intrigue…

Le lendemain, un peu avant le retour des chasseurs, Miss Nevil, revenant d'une promenade au bord de la mer, regagnait l'auberge avec sa femme de chambre, lorsqu'elle remarqua une jeune femme vêtue de noir, montée sur un cheval de petite taille, mais vigoureux, qui entrait dans la ville. Elle paraissait avoir une vingtaine d'années. Elle était grande, blanche, les yeux bleu foncé, la bouche rose, les dents comme de l'émail. De longues nattes de cheveux châtains lui formaient comme un turban autour de la tête. Son costume était propre, mais de la plus grande simplicité.

D'après Prosper Mérimée, *Colomba*, 1841.

5 Accorder ou non une forme en *-ant*

1 **1.** Souriant et charmant, il séduisait son entourage. → AV • **2.** Souriant malgré la douleur, il se remit à courir. → PP • **3.** Cet élève brillant a réussi son examen. → AV • **4.** Brillant dans l'obscurité, les étoiles étaient rassurantes. → PP

2 **1.** Précédant leurs parents, les enfants couraient sur les sentiers glissants. **2.** Glissant sur les pentes enneigées, les skieurs effectuent d'étonnants virages. **3.** Étonnant ses amis, Pierre a sauté en parachute. **4.** Étonnantes, ses acrobaties ont été applaudies. **5.** Confiants, les joueurs de l'équipe ont affirmé qu'ils allaient gagner. **6.** Confiant leurs inquiétudes, les joueurs de l'équipe ont reconnu que leurs adversaires étaient redoutables.

EXPLICATION
Mets la forme en *-ant* au féminin : si c'est possible, il s'agit d'un adjectif verbal. Accorde-le alors avec le nom ou le groupe nominal qu'il qualifie. *Confiantes, les joueuses... : confiant* est un adjectif verbal et il s'accorde.

3 **1.** Ce travail est fatigant. **2.** Fatiguant son père, elle fait son caprice. **3.** Provoquant un accident, il a freiné à tort. **4.** Provocant par son attitude, il est exclu du collège. **5.** Le personnel navigant a embarqué dans l'avion. **6.** Il a voyagé en naviguant sur son voilier.

4 **a.** Au centre, devant le saint impassible, les torpilles piochent, hachant les soldats sous les dalles, écrasant les blessés au pied des croix. Dans les tombes, sur les gravats, cela geint, cela se traîne. Quelqu'un s'abat près de moi et me saisit furieusement la jambe en râlant.
Les coups précipités nous cognent sur la nuque. Cela tombe si près qu'on chavire, aveuglé d'éclatements. Nos obus et les leurs se joignent en hurlant. On ne voit plus, on ne sait plus. Cette meute de feu nous cerne. Les croix broyées nous criblent d'éclats sifflants...

b.

Adjectif verbal	Participes présents	Gérondifs
sifflants	hachant écrasant	en râlant en hurlant

EXPLICATION
Tu peux noter la présence de la préposition *en* devant les gérondifs.

5 **1.** Le participe présent est invariable.
2. L'adjectif verbal s'accorde.

6 **a. 1.** *on chavire* : on = nous (les soldats dont fait partie le narrateur).
2. *On ne voit plus, on ne sait plus* : on = nous (les soldats dont fait partie le narrateur).
3. *On assassine des hommes !* : on = ceux qui décident de la stratégie de la guerre...
b. Il est au singulier.
c. 1. Dans les tranchées, on craint les attaques au gaz.
2. Dans les tranchées, les hommes ont craint les attaques au gaz.

7 **DICTÉE NON PRÉPARÉE**

Les mots en violet sont en rapport avec la difficulté traitée dans la leçon.
Les mots soulignés seront épelés au cours de la dictée (nom propre, vocabulaire difficile).

Les provocations de Gavroche

Lors d'une manifestation révolutionnaire en 1832, le jeune Gavroche se retrouve sur une barricade avec les insurgés. Il décide d'aller ramasser des munitions sur les cadavres des soldats mais il est pris pour cible par les gardes nationaux.

Le spectacle était épouvantable et charmant. Gavroche, fusillé, taquinait la fusillade. Il avait l'air de s'amuser beaucoup. C'était le moineau becquetant les chasseurs. Il répondait à chaque décharge par un couplet. On le visait sans cesse, on le manquait toujours. Les gardes nationaux et les soldats riaient en l'ajustant. Il se couchait, puis se redressait, s'effaçait dans un coin de porte, puis bondissait, disparaissait, reparaissait, se sauvait, revenait, ripostait à la mitraille par des pieds de nez, et cependant pillait les cartouches, vidait les gibernes et remplissait son panier. Les insurgés, haletant d'anxiété, le suivaient des yeux. La barricade tremblait ; lui, il chantait. Ce n'était pas un enfant, ce n'était pas un homme ; c'était un étrange gamin fée.

Victor Hugo, *Les Misérables*, 1862.

6 Écrire un verbe au présent de l'indicatif et de l'impératif

1

- il dort — dormir
- il dore — dorer
- il lie — lier
- il lit — lire

EXPLICATION
Quand la terminaison est en *-e*, l'infinitif correspondant est celui d'un verbe du 1er groupe (en *-er*). Il faut, inversement, mettre le verbe à l'infinitif pour ne pas se tromper de terminaison lorsque le *e* est muet : *Il ni...* → infinitif *nier*, donc *il nie*.

2 Pour écrire un récit
Imagine tout d'abord une histoire.
Prends le temps de décrire les lieux et les personnages.
Crée des pripéties.
Choisis d'écrire au présent ou au passé.
Sois attentif à la conjugaison des verbes.
Mets rigoureusement la ponctuation.
Vérifie l'orthographe.
Soigne ton écriture en recopiant.
Surtout, n'oublie pas de te relire.

EXPLICATION
Attention, les verbes du 1er groupe ne prennent pas de *s* à la 2e personne du singulier de l'impératif contrairement au présent de l'indicatif : *donne-moi, tu donnes*.

3 **a.** – À ton tour, Jo.
Je m'approche, mon veston à la main. Il est huit heures et c'est encore la nuit complète dehors. Maman est assise sur la chaise derrière la table. Elle a un dé, du fil noir et ses mains tremblent. Elle sourit avec les lèvres seulement.
Je me retourne. Sous l'abat-jour de la lampe, Maurice est immobile. Du plat de la paume il lisse sur son revers gauche l'étoile jaune cousue à gros points : JUIF.
Maurice me regarde.
– Pleure pas, tu vas l'avoir aussi, ta médaille.
Bien sûr que je vais l'avoir, tout le quartier va l'avoir. Ce matin, lorsque les gens sortiront, ce sera le printemps en plein hiver, une floraison spontanée : chacun son gros coucou étalé à la boutonnière.

b.

Forme du texte	Mode et temps	Groupe	Sujet	Terminaison
m'approche	*indicatif présent*	*1er groupe*	*je*	*-e*
sourit	indicatif présent	3e groupe	elle	-t
tremblent	indicatif présent	1er groupe	ses mains	-ent
pleure	impératif présent	1er groupe		-e
vas	indicatif présent	3e groupe	tu	-s

c. **1.** Je vais **2.** tu vas **3.** il va **4.** nous allons **5.** vous allez **6.** ils vont

4 **a.** Il s'agit de mots invariables : prépositions (à, sur, derrière, avec, sous, en) et adverbes (encore, dehors, seulement, aussi).
b. **1.** Il dort à poings fermés. **2.** Il a l'habitude de se réveiller à sept heures. **3.** Son réveil, il ne l'a pas entendu : il ne sera pas à l'heure à son rendez-vous. **4.** Il a décidé de se rendre à la piscine à pied.

5 **DICTÉE NON PRÉPARÉE**

Les mots en violet sont en rapport avec la difficulté traitée dans la leçon.
Les mots soulignés seront épelés au cours de la dictée (nom propre).

La pièce d'argent

La mère de Poil de Carotte, Madame Lepic, veut lui faire avouer qu'il était en possession d'une pièce d'argent.

– Tu n'as rien perdu, Poil de Carotte ?

– Non, maman.

– Pourquoi dis-tu non, tout de suite, sans savoir ? Retourne d'abord tes poches.

– Ah ! oui, maman ! Rends-le-moi.

– Rends-moi quoi ? Tu as donc perdu quelque chose ? Je te questionnais au hasard et je devine ! Qu'est-ce que tu as perdu ?

– Je ne sais pas.

– Prends garde ! tu vas mentir. Je t'interroge doucement. Un fils qui aime sa mère lui confie tout. Je parie que tu as perdu ta pièce d'argent. Je n'en sais rien, mais j'en suis sûre. Ne nie pas. Ton nez remue.

D'après Jules Renard, *Poil de Carotte*, 1894.

7 Connaître les variations de radical de certains verbes du 1er groupe

1 **a.** vous placez • nous plaçons • ils placent • il avance • vous avancez • nous avançons
b. ils appellent • je pèle • il halète • il jette • ils démantèlent • elle se rappelle
c. nous naviguons • nous corrigeons • j'appelle • il rejette

EXPLICATION
Les verbes en *-ger* prennent un *e* après le *g* devant un *o* (*nous mangeons*).

2 **1.** Les enfants ne paient *ou* payent pas. **2.** Mes cousins et moi, nous nous balançons. **3.** Si tu appuies sur cette touche, l'appareil se mettra en marche. **4.** Il épelle son nom. **5.** Le petit chien furète partout. **6.** Un chien est tombé dans le canal, il se noie. Des passants appellent les pompiers.

EXPLICATION
Les verbes en *-eter* et *-eler* doublent généralement le *t* et le *l* devant un *e* muet (*j'appelle, je jette*). Ils ne prennent donc pas d'accent, mais il y a des exceptions comme *acheter* (*j'achète*) ou *peler* (*je pèle*).

3 **a.** Le jour me fatigue et m'ennuie. Il est brutal et bruyant. Je me lève avec peine, je m'habille avec lassitude, je sors avec regret, et chaque pas, chaque mouvement, chaque geste, chaque parole, chaque pensée me fatigue comme si je soulevais un écrasant fardeau. Mais quand le soleil baisse, une joie confuse, une joie de tout mon corps m'envahit. Je m'éveille, je m'anime. À mesure que l'ombre grandit, je me sens tout autre, plus jeune, plus fort, plus alerte, plus heureux. Je la regarde s'épaissir, la grande ombre douce tombée du ciel : elle noie la ville, comme une onde insaisissable et impénétrable, elle cache, efface, détruit les couleurs, les formes, étreint les maisons, les êtres, les monuments de son imperceptible toucher.

b.

Verbes présentant des particularités de conjugaison	Particularités de conjugaison
fatiguer	*Les verbes en* -guer *conservent toujours le* u *même devant un* o *:* nous fatiguons.
ennuyer ; noyer	Les verbes en *-uyer* et *-oyer* changent le ***y*** en ***i*** devant un *e* muet : *Le jour m'ennuie ; La nuit noie la ville*
effacer	Les verbes en *-cer* prennent une cédille sous le *c* devant un *o* : *j'efface, nous effaçons*
lever	Le verbe *lever* a un accent grave à certaines personnes du présent et pas à d'autres (*je me lève, nous nous levons*).

EXPLICATION
- Les verbes en *-uyer* et *-oyer* changent le *y* en *i* devant un *e* muet. Pour les verbes en *-ayer* c'est facultatif : *je paye* ou *je paie*.

4 Il a plusieurs sujets mais il est au singulier.
b. Lorsque le sujet est un groupe nominal composé de chaque + nom, le verbe est au singulier, même si, comme ici, il y a plusieurs sujets.

5 **DICTÉE NON PRÉPARÉE**

Les mots en violet sont en rapport avec la difficulté traitée dans la leçon.
Les mots soulignés seront épelés au cours de la dictée (noms propres).

Jeux après l'école

La narratrice se souvient des jeux partagés avec une de ses camarades d'école dont les parents possèdent un café…

Le mercredi après-midi, en sortant de l'école, puisqu'il n'y a pas de devoirs à faire pour le lendemain, je vais parfois jouer avec Lucienne Panhard, une fille de ma classe.

Le café de ses parents est tout au bout de l'avenue du parc Montsouris, juste à côté de l'entrée du parc.

Quand nous en avons assez de jouer à la serveuse, nous allons dans le parc, près de l'entrée, nous sautons à la corde « jusqu'au vinaigre », nous rattrapons une petite balle de caoutchouc que nous lançons en l'air de plus en plus haut, nous essayons de jongler avec deux, puis trois balles.

Nous ne nous parlons pas beaucoup, et je ne sais pas ce qui fait que je ne m'ennuie jamais avec elle, ni elle, il me semble, avec moi.

D'après Nathalie Sarraute, *Enfance*, © Gallimard, 1983.

8 Écrire certains verbes difficiles du 3e groupe au présent de l'indicatif

1

- il croît → croître
- il croit → croire
- tu croîs → croître
- tu crois → croire

- il peint → peindre
- il peigne → peigner
- nous peignons → peindre

EXPLICATION
- L'accent circonflexe permet de différencier le verbe *croître* du verbe *croire*.
- Les verbes *peindre* et *peigner* n'appartiennent pas au même groupe.
Peigner se conjugue comme tous les verbes du 1er groupe (*-e*, *-es*, *-e*).
Peindre se conjugue comme les verbes en *-indre* : *-s*, *-s*, *-t*. Mais aux trois personnes du pluriel, les formes sont identiques : *nous peignons*, *vous peignez*, *ils peignent*.

2 **1.** Pourquoi mens-tu ? **2.** Il croit que tout est facile. **3.** Il peint les murs de sa chambre. **4.** Je recouds les boutons de mon manteau. **5.** Il résout facilement tous les problèmes. **6.** Il geint sans cesse et se plaint souvent.

3 **a.** – Peut-être le directeur de la mine est-il un brave homme, mais la Kommandantur a exigé la liste des mineurs juifs, et il a dû obéir. Nous sommes quatre et je crains pour mon travail.
– C'est injuste ! s'indigna Louis. […]
Le visage de Hannah se détendit. À plusieurs reprises, elle cligna de l'œil.
– Écoute. Écoute… fiston… ce que ton père dira et, surtout, ne l'oublie pas. Jamais.
Abraham toussota.
– Louis, n'admets jamais que tu es juif. Même si on te le demande. Mens, mens toujours, mens même si on te menace, mens même si on te promet des récompenses fabuleuses. […] À compter de maintenant, tu es Louis. Seulement Louis. Est-ce que… est-ce que tu comprends, Louis ?

b. **1.** craindre **2.** admettre **3.** mentir **4.** promettre **5.** comprendre

c.

	Verbes en *-dre*	Verbes en *-indre*	Verbes en *-tre*	Verbes en *-tir*
Infinitif	com-prendre	craindre	admettre, promettre	mentir
Termi-naisons	-ds, -ds, -d	-s, -s, -t	-ts, -ts, -t	-s, -s, -t

EXPLICATION
Identifier l'infinitif est essentiel pour connaître les terminaisons des trois 1res personnes du singulier.

4 **a.** **1.** écoute **2.** oublie
b. Les verbes du 1er groupe ne se terminent pas par un *s* à la 2e personne du singulier de l'impératif présent, contrairement aux verbes des autres groupes et à l'indicatif présent.
c. **1.** Donne-moi ton adresse. **2.** Pense à consulter tes mails. **3.** Si tu me donnes ton adresse, je t'écrirai. **4.** Penses-tu pouvoir me répondre rapidement ?

EXPLICATION
Si le pronom *tu* est avant ou après le verbe (forme interrogative), il s'agit du présent de l'indicatif. Il faut donc mettre un *s* : *Si tu me donnes ton adresse…*

5 **DICTÉE NON PRÉPARÉE**

Les mots en violet sont en rapport avec la difficulté traitée dans la leçon.

Le cauchemar

Le narrateur a l'étrange et angoissante impression qu'un être invisible le suit, où qu'il aille…

Aucun changement ! Mon état, vraiment, est bizarre. À mesure qu'approche le soir, une inquiétude incompréhensible m'envahit.

Vers dix heures, je monte donc dans ma chambre. À peine entré, je donne deux tours de clef, et je pousse les verrous. Puis je me couche, et j'attends le sommeil comme on attendrait le bourreau. Je l'attends avec l'épouvante de sa venue.

Je dors – longtemps – deux ou trois heures – puis un rêve – non – un cauchemar m'étreint. Je sens que quelqu'un s'approche de moi, me regarde, me palpe, monte sur mon lit, s'agenouille sur ma poitrine, me prend le cou entre ses mains et serre de toute sa force pour m'étrangler.

D'après Guy de Maupassant, *Le Horla*, 1887.

9 Accorder le verbe avec son sujet

1

La plupart des maisons	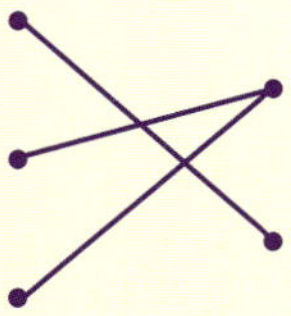	a souffert du tremblement de terre.
Le pâté de maisons		ont souffert du tremblement de terre.
Chaque maison		

EXPLICATION
La plupart de… est suivi d'un verbe au pluriel.

2 **1.** Tout au fond d'une ruelle, derrière une poubelle se cachent de minuscules chatons apeurés. **2.** C'étaient mes amis qui venaient me chercher. **3.** C'est vous qui viendrez me chercher. **4.** Je vous attendrai demain à dix heures. **5.** Le chien, après avoir longuement léché les os, les enterre à présent dans le jardin. **6.** Mon frère et ma sœur viendront m'attendre à la gare. **7.** La plupart des enfants savent leur leçon par cœur. **8.** Ce cortège de manifestants se dirige vers la place de la Bastille.

EXPLICATION
Attention à ne pas tomber dans le piège : la présence du pronom vous devant le verbe peut te tromper.
Il ne faut évidemment pas accorder le verbe avec *vous* (*attendrez*) mais avec *je* (*attendrai*) (phrase 4).

3 Longtemps mon frère m'a aidé à surmonter mes peurs. Une pression de sa main sur mon bras, ses doigts qui ébouriffaient mes cheveux et je trouvais la force de franchir les obstacles.
Sur les bancs de l'école le contact de son épaule contre la mienne me rassurait et souvent, si l'on m'interrogeait, le murmure de sa voix à mon oreille me soufflait la bonne réponse.
Il affichait la fierté des rebelles qui balayaient les obstacles, des héros de cour de récréation suspendus au vol d'un ballon, des conquérants qui escaladaient les grilles. Je les admirais, le dos collé au mur, incapable de rivaliser avec eux, attendant la cloche libératrice pour retrouver enfin mes cahiers. Je m'étais choisi un frère triomphant.

4 **a. 1.** ébouriffaient → le sujet est le pronom **qui** mis pour **ses doigts**, d'où le pluriel.
2. balayaient → le sujet est le pronom qui mis pour les rebelles, d'où le pluriel.
3. escaladaient → le sujet est le pronom qui mis pour les conquérants, d'où le pluriel.
b. la fierté des rebelles qui balayait les obstacles : *qui* peut remplacer le complément du nom du GN (des rebelles → pluriel) ou le GN en entier (la fierté des rebelles → singulier).

5 **a. 1.** de franchir
2. de rivaliser
3. pour retrouver
b. Il s'agit de prépositions : *à, de, pour*.
c. Après une préposition (*à, de, par, pour, sans*), le verbe est à l'infinitif.
d. 1. Mon équipe a gagné tous ses matchs. **2.** J'ai commencé à réviser mes leçons d'histoire. **3.** Pierre a étudié le solfège pour apprendre à jouer du piano. **4.** Pour changer, il a décidé de fêter son anniversaire à la campagne.

6 **DICTÉE NON PRÉPARÉE**

Les mots en violet sont en rapport avec la difficulté traitée dans la leçon.
Les mots soulignés seront épelés au cours de la dictée (vocabulaire difficile).

L'île

Cinq personnages, partis en ballon, sont pris dans une tempête et se retrouvent sur une île déserte.

La brume venait de se lever et rendait la nuit très obscure. Les naufragés marchaient en suivant vers le nord la côte est de cette terre sur laquelle le hasard les avait jetés, terre inconnue, dont ils ne pouvaient même soupçonner la situation géographique. Ils foulaient du pied un sol sablonneux, mêlé de pierres, qui paraissait dépourvu de toute espèce de végétation. Ce sol, fort inégal, très raboteux, semblait en de certains endroits criblé de petites fondrières, qui rendaient la marche très pénible. De ces trous s'échappaient à chaque instant de gros oiseaux au vol lourd, fuyant en toutes directions, que l'obscurité empêchait de voir.

Jules Verne, *L'Île mystérieuse*, 1874.

10 Accorder un participe passé : cas simples

1 **1.** La pièce que Juliette a jouée. **2.** Le roman que mon amie m'a recommandé. **3.** La fraise que j'ai mangée. **4.** La fraise dans laquelle j'ai mordu. **5.** Les fruits que j'ai ramassés. **6.** La chienne qui a été battue. **7.** Les enfants qui se sont perdus. **8.** Les enfants qu'on a perdus.

EXPLICATION
Identifie l'auxiliaire (*être* ou *avoir*) puis applique la règle qui convient :
- auxiliaire *être* : accord avec le sujet (*battue*) ;
- auxiliaire *avoir* : accord avec le COD s'il est placé avant.

Lorsque le COD est le pronom relatif *que*, il est placé devant le participe passé et il y a accord.

2 **a. b. c. 1.** Tu n'as pas répondu aux messages que je t'ai envoyés.
2. Je les ai attendues longtemps mais elles ne sont pas venues.
3. Ces livres déchirés n'ont pas été couverts. Ils ont perdu plusieurs pages.
4. Les chansons qu'a enregistrées cet artiste sont régulièrement diffusées à la radio.

EXPLICATION
À la phrase 2, le pronom *les* remplace un nom féminin. Il faut lire la phrase jusqu'à la fin pour le savoir (pronom *elles*).

3 **a.** Je me le rappelle comme si c'était hier. Il arriva d'un pas lourd à la porte de l'auberge, suivi de sa cantine charriée sur une brouette. C'était un grand gaillard solide, aux cheveux très bruns tordus en une queue poisseuse qui retombait sur le collet d'un habit bleu malpropre ; il avait les mains couturées de cicatrices, les ongles noirs et déchiquetés, et la balafre qui s'étalait en travers de sa joue était d'un blanc sale et livide. Tout en sifflotant, il parcourut la crique du regard, puis de sa vieille voix stridente et chevrotante qu'avaient rythmée et cassée les manœuvres de cabestan, il entonna cette antique rengaine de matelot qu'il devait nous chanter si souvent par la suite :

Nous étions quinze sur le coffre du mort…
Yo-ho-ho ! et une bouteille de rhum !

Participes passés employés comme adjectifs	S'accordent avec…
suivi, charriée, tordus, déchiquetés	il, cantine, cheveux, ongles

b. 1. Rythmée **2.** Cassée
règle : accord avec le COD *qu'* (= *sa vieille voix stridente et chevrotante*) placé avant.

EXPLICATION
Les participes passés employés avec l'auxiliaire *avoir* s'accordent avec le COD s'il est placé avant le verbe.

4 **1.** Sa cantine était charriée sur une brouette.
Règle : Le participe passé employé avec l'auxiliaire *être* s'accorde en genre et en nombre avec le sujet.
2. Les manœuvres de cabestan avaient rythmé et cassé sa voix stridente et chevrotante.
Règle : Le participe passé employé avec l'auxiliaire *avoir* reste invariable sauf si le COD est placé avant.

5 les manœuvres de cabestan : sujet inversé du verbe *avaient rythmée et cassée.*

6 **DICTÉE NON PRÉPARÉE**

Les mots en violet sont en rapport avec la difficulté traitée dans la leçon.

Les souvenirs

Tout juste sortie du couvent, Jeanne retrouve la demeure familiale.

Elle apercevait des riens qu'elle avait maniés, ces vieux petits objets insignifiants qui avaient traîné quinze ans à côté d'elle, qu'elle avait vus chaque jour sans les remarquer et qui, tout à coup, retrouvés là, dans ce grenier à côté d'autres plus anciens dont elle se rappelait parfaitement les places aux premiers temps de son arrivée, prenaient une importance soudaine de témoins oubliés, d'amis retrouvés. Il y avait aussi là-dedans beaucoup de choses qu'elle ne connaissait pas, de ces choses poudreuses qui ont l'air exilées dans un temps qui n'est plus le leur et qui semblent tristes de leur abandon, dont personne ne sait l'histoire, les aventures, personne n'ayant vu ceux qui les ont choisies, achetées, possédées, aimées.

D'après Guy de Maupassant, *Une vie*, 1883.

11 Accorder un participe passé : cas particuliers

1

les chansons	que j'ai entendu chanter
les filles	que j'ai entendues chanter
les pièces de théâtre	que j'ai vu jouer
les comédiennes	que j'ai vues jouer

EXPLICATION
- Si le COD accomplit l'action exprimée par l'infinitif (*jouer*, *chanter*), le participe passé s'accorde.
- Ce sont les filles qui chantent, mais pas les chansons.
- Ce sont les comédiennes qui jouent, mais les pièces de théâtre sont jouées.

2 **1.** Ils se sont connectés sur Internet pour avoir des informations. **2.** Mon père et moi, nous nous sommes téléphoné tous les jours. **3.** Les campeurs se sont lavés dans le ruisseau. **4.** Après avoir peint, ma sœur s'est lavé les mains.

EXPLICATION
- *Se laver* : *se* est COD. Il est placé avant le verbe, il y a donc accord.
- *Se laver les mains* : le COD *les mains* est placé après le verbe, il n'y a donc pas d'accord.

3 Les enfants se sont bien amusés. Ils se sont poursuivis dans le parc et se sont jeté de l'eau. Ils se sont déguisés et se sont fait remarquer par leurs cris. Il y en a deux qui se sont perdus et deux qui se sont légèrement blessés.

EXPLICATION
Le participe passé *jeté* reste invariable car le COD de l'eau est placé après. Les autres participes passés s'accordent avec le sujet.

4 **1.** Le narrateur se souvient de la sensation de froid qu'il avait ressentie ce jour-là.

2. Il a soufflé dans ses mains pour se réchauffer.

3. Le visage de *Belle de jour* est apparu.

4. Quelques corbeaux sont passés sans bruit.

5 **a.** Premier lundi de décembre. Chez nous. 1917. Un temps de Sibérie. La terre claquait sous les talons et le bruit résonnait jusque dans la nuque. Je me souviens de la grande couverture qu'on avait jetée sur le corps de la petite, et qui s'est vite trempée.
Ce n'est guère gros un corps de dix ans, qui plus est mouillé par une eau d'hiver. Berfuche a tiré un coin de la couverture, puis il a soufflé dans ses mains pour se réchauffer. Le visage de *Belle de jour* est apparu. Quelques corbeaux sont passés sans bruit.
Elle ressemblait à une princesse de conte aux lèvres bleuies et aux paupières blanches. Ses cheveux se mêlaient aux herbes roussies par les matins de gel. Ses petites mains s'étaient fermées sur du vide.

b. Verbe pronominal à sens passif : s'est... trempée
Verbe pronominal réfléchi : s'étaient fermées

EXPLICATION
Le verbe *s'est trempée* est de sens passif car la couverture ne s'est pas trempée elle-même : elle a été trempée par *une eau d'hiver*.

6 **1.** Ils se sont réchauffés en soufflant dans leurs mains.

2. Sa chevelure s'était mêlée aux herbes que le gel avait roussies.

7 **DICTÉE NON PRÉPARÉE**

Les mots en violet sont en rapport avec la difficulté traitée dans la leçon.
Les mots soulignés seront épelés au cours de la dictée (nom propre, vocabulaire difficile).

Premier voyage en ballon

En 1783, le marquis d'Arlandes fait partie de l'équipe qui effectue le premier vol à bord d'une montgolfière. Il raconte ses impressions.

Nous sommes partis à une heure et cinquante-quatre minutes. L'air du vent était à peu près nord-ouest. La machine, dit le public, s'est élevée avec majesté ; mais il me semble que peu de personnes se sont aperçues qu'au moment où elle a dépassé les charmilles, elle a fait un demi-tour sur elle-même. J'étais surpris du silence et du peu de mouvement que notre départ avait occasionné sur les spectateurs ; je crus qu'étonnés, et peut être effrayés de ce nouveau spectacle, ils avaient besoin d'être rassurés. Je saluai du bras avec peu de succès ; mais ayant tiré mon mouchoir, je l'agitai, et je m'aperçus alors d'un grand mouvement dans le jardin de la Muette.

D'après une lettre du marquis d'Arlandes, 1783.

12 Écrire un verbe à l'imparfait ou au passé simple

1 je me balançais • nous criions • ils nageaient • vous brilliez • vous niiez • il conjuguait

EXPLICATION
Les verbes en *-cer* prennent une cédille sous le *c* devant un *a*. Les verbes en *-ger* prennent un *e* après le *g* devant un *a*. Les verbes en *-guer* conservent le *u* après le *g*. Les verbes en *-ier* ont deux *i* aux 1re et 2e pers. du pluriel.

2 Je me baladais (il se baladait) dans la campagne, quand je me trouvai (il se trouva) face à un énorme taureau. Je le regardai (il le regarda) dans les yeux et je tentai (il tenta) de lui fausser compagnie.

3 **1.** Il était grand jour quand je me réveillai. **2.** En cinq minutes, je m'habillai, avalai mon chocolat et descendis dans le jardin où se trouvait mon vélo que j'enfourchai. **3.** Je traversai la ville et gagnai le petit bois où m'attendait mon ami.

4 Je dormis mal et me réveillai plusieurs fois. Il pouvait être cinq heures du matin, et j'étais éveillé depuis plus de vingt minutes lorsque le coq chanta. Le jour allait se lever. Alors j'entendis distinctement les mêmes pas lourds, le même craquement de l'escalier que j'avais entendus avant de m'endormir. Cela me parut singulier. J'essayai, en bâillant, de deviner pourquoi M. Alphonse se levait si matin. Je n'imaginais rien de vraisemblable. J'allais refermer les yeux lorsque mon attention fut de nouveau excitée par des trépignements étranges auxquels se mêlèrent bientôt le tintement des sonnettes et le bruit de portes qui s'ouvraient avec fracas, puis je distinguai des cris confus. Je m'habillai rapidement et entrai dans le corridor. De l'extrémité opposée partaient des cris et des lamentations, et une voix déchirante dominait toutes les autres : « Mon fils ! mon fils ! »

5 **a. 1.** Je dormis mal et me réveillai plusieurs fois. Il dormit mal et se réveilla plusieurs fois. → **2.** J'allais refermer les yeux lorsque mon attention fut de nouveau excitée par des trépignements étranges [...] puis je distinguai des cris confus. → Il allait refermer les yeux lorsque son attention fut de nouveau excitée par des trépignements étranges [...] puis il distingua des cris confus.
b. Ces transformations permettent d'identifier les verbes au passé simple et à l'imparfait.

EXPLICATION
Ces transformations permettent donc d'éviter les confusions à la 1re personne du singulier pour les verbes du 1er groupe (*se réveiller*, *distinguer*) et le verbe *aller*.

6 Le verbe *distinguer* est un verbe en *-guer* qui présente la particularité de conserver le *u* à toutes les personnes.

7 **a.** Groupe nominal : des trépignements étranges.
b. Sujet 1 : le tintement des sonnettes
Sujet 2 : le bruit des portes
Ils sont placés après le verbe : ils sont inversés.
c. Le sujet du verbe *s'ouvraient* est le pronom relatif *qui*. Il est mis pour *portes,* d'où le pluriel du verbe.

EXPLICATION
- N'oublie donc pas les marques du masculin pluriel : *auxquels*.
- C'est ce type d'analyse qui devrait t'éviter de nombreuses fautes d'accord. À toi de te poser ces questions indispensables avant de procéder à un accord.

8 **DICTÉE NON PRÉPARÉE**

Les mots en violet sont en rapport avec la difficulté traitée dans la leçon.
Les mots soulignés seront épelés au cours de la dictée (vocabulaire difficile).

Le mont Saint-Michel

Le narrateur visite le mont Saint-Michel.

Je poussai un cri d'étonnement. Une baie démesurée s'étendait devant moi, à perte de vue, entre deux côtes écartées se perdant au loin dans les brumes ; et au milieu de cette immense baie jaune, sous un ciel d'or et de clarté, s'élevait sombre et pointu un mont étrange, au milieu des sables. Le soleil venait de disparaître, et sur l'horizon encore flamboyant se dessinait le profil de ce fantastique rocher qui porte sur son sommet un fantastique monument.

Dès l'aurore, j'allai vers lui. Après plusieurs heures de marche, j'atteignis l'énorme bloc de pierres qui porte la petite cité dominée par la grande église. Ayant gravi la rue étroite et rapide, j'entrai dans la plus admirable demeure gothique construite pour Dieu sur la Terre.

D'après Guy de Maupassant, *Le Horla*, 1887.

13 Écrire le son [e] à la fin d'un verbe

1 **1.** « Il a pas pu traverser les portes ni la fenêtre », affirma le brigadier, qui secoua un à un les barreaux. « Probable que vous vous trompez. Vous avez oublié de fermer quelque chose. » **2.** Il [le médecin] s'était rapproché à son tour du cadavre et il étendit la main pour le toucher. **3.** Il saisit le bras du mort, l'attira de bas en haut, poussa un cri où se mêlaient la stupeur et la crainte et laissa retomber le bras.

EXPLICATION
N'hésite pas à remplacer le verbe du 1er groupe par un verbe d'un autre groupe.

2 **a. 1.** Hier, on a escaladé (gravi) de gros rochers.
2. Demain, on ira escalader (gravir) cette montagne.
3. Mes parents ne m'ont pas autorisé (permis de) à coucher (dormir) chez toi.
4. Cette histoire l'a beaucoup attristé (ému).
b. 1. Vous semblez bien inquiets. Avez-vous bien préparé votre contrôle ?
2. Attendez ! Vous avez oublié de signer.
3. Croyez-vous que tout cela va bientôt cesser ?

3 **a.** – Mais tenez, faites l'expérience, brigadier… Soulevez un peu la tête… vous verrez que l'homme n'a presque pas de poids…
L'autre écoutait, les yeux béants, tandis que l'aura des épouvantements passait sur l'échine de Frédéric.
– Voyons, monsieur le docteur… Vous ne vous moquez pas de nous ?
– Essayez ! Essayez ! répéta le docteur d'un ton péremptoire.
Les morts depuis longtemps n'intimidaient pas plus ce gendarme qu'ils n'intimident un interne des hôpitaux… Il en avait tant vu !
Néanmoins, il n'approcha pas celui-ci sans un petit frisson qui devint un long frémissement quand il eut soulevé et laissé retomber la tête…

b.

Participes passés en *-é*	Infinitif en *-er*	Verbes en *-ez*
soulevé, laissé	retomber	tenez, soulevez, verrez, moquez, essayez

EXPLICATION
Les confusions entre les terminaisons -er, -é et -ez sont une des premières causes de fautes d'orthographe. Alors, sois vigilant.

4

Impératif	Indicatif présent	Futur
tenez, soulevez, essayez	moquez	verrez

5 Le sujet du verbe *intimider* est le pronom ils qui reprend le GN *les morts*.

6 **DICTÉE NON PRÉPARÉE**

Les mots en violet sont en rapport avec la difficulté traitée dans la leçon.
Les mots soulignés seront épelés au cours de la dictée (noms propres ou vocabulaire difficile).

Le bocal de cerises

Le narrateur rend visite aux grands-parents d'un ami, Maurice, et fait la connaissance de deux charmants vieillards, Mamette et son mari.

Pendant ce temps, un drame terrible se passait à l'autre bout de la chambre, devant l'armoire. Il s'agissait d'atteindre là-haut, sur le dernier rayon, certain bocal de cerises à l'eau-de-vie qui attendait Maurice depuis dix ans et dont on voulait me faire l'ouverture. Malgré les supplications de Mamette, le vieux avait tenu à aller chercher ses cerises lui-même ; et, monté sur une chaise au grand effroi de sa femme, il essayait d'arriver là-haut… Vous voyez le tableau d'ici, le vieux qui tremble et qui se hisse, Mamette derrière lui haletante, les bras tendus, et sur tout cela un léger parfum de bergamote qui s'exhale de l'armoire ouverte et des grandes piles de linge roux… C'était charmant.

D'après Alphonse Daudet, *Lettres de mon moulin*, 1869.

INFOS PARENTS

© Phovoir

Comment l'orthographe est-elle étudiée en 4e ? • Comment aider votre enfant pour que son orthographe s'améliore ? • Pourquoi et comment faire des dictées à la maison ? **Voici les questions auxquelles ce supplément « Infos parents » tente de vous apporter des réponses.**

Quelle place l'apprentissage de l'orthographe occupe-t-il dans le programme de français en 4e ?

Le programme de français de 4e a changé à la rentrée 2016. Il est intégré désormais au programme du cycle 4, un cycle d'enseignement qui va de la 5e à la 3e.

Un nouveau programme de français

- Tout au long du cycle 4, la **maîtrise de la langue** reste un objectif central de l'enseignement du français. L'élève approfondit les notions et règles déjà étudiées au cycle précédent et découvre de nouvelles notions.
- L'enseignant est conduit à consacrer des séances spécifiques à l'étude de la langue, au sein desquelles la **connaissance du système orthographique** occupe une place significative. Ces entraînements ne constituent pas une fin en soi : ainsi, l'apprentissage de l'orthographe s'inscrit dans la perspective plus large de l'expression écrite.

L'orthographe, objet d'une attention constante

L'enseignant de français est donc particulièrement attentif à l'orthographe.

- Il veille à ce que les **règles clés** soient comprises et appliquées en proposant divers types d'exercices, dont des dictées.
- Au cours des **activités d'écriture**, il habitue les élèves à réviser leurs textes, du point de vue du contenu et de leur forme. Les élèves apprennent ainsi à revenir sur leurs fautes d'orthographe, à les analyser et à les corriger. Ils apprennent à se servir de différents outils de correction, notamment des dictionnaires en ligne et du correcteur intégré au logiciel de traitement de texte.

Quelles compétences orthographiques les élèves doivent-ils maîtriser en 4e ?

La classe de 4e est l'avant-dernière année du cycle 4, à l'issue duquel les élèves doivent maîtriser un certain nombre de compétences et connaissances. En orthographe, le programme met l'accent sur trois compétences clés.

Connaître le fonctionnement des chaînes d'accord

Voici les **différents types d'accord** travaillés au cycle 4 :

- les accords au sein du groupe nominal, quelle que soit sa structure (avec plusieurs noms, plusieurs adjectifs, une relative, un déterminant indéfini, etc.) ;

- l'accord du verbe avec le sujet, dans des situations complexes (sujet éloigné du verbe, verbe séparé du sujet par un mot ou un groupe de mots, deux sujets pour un même verbe, etc.) ;
- l'accord du participe passé employé avec *être* ou avec *avoir* (cas du COD antéposé) ;
- l'accord de l'adjectif et du participe passé en position détachée.

Observer le fonctionnement du verbe et l'orthographier

- Les élèves apprennent à maîtriser le **système des terminaisons des verbes** aux différents temps et modes (indicatif, subjonctif, impératif) et à connaître les principales valeurs de ces temps et modes. Ainsi le passé simple est mémorisé comme le temps servant à rapporter les actions principales dans un récit classique.
- À la fin du cycle, ils ne doivent plus hésiter sur la conjugaison de **verbes irréguliers** fréquents (*être, avoir, aller, faire, dire, verbes en -dre, pouvoir, valoir, voir, devoir, vouloir, savoir, falloir*, etc.).

Acquérir la structure, le sens et l'orthographe des mots

L'acquisition de l'orthographe lexicale se fait **en lien avec l'étude du vocabulaire**.

- Pour mémoriser l'orthographe d'un mot, l'élève apprend à analyser sa structure (radical, préfixe, suffixe), à le rapprocher de mots de la même famille, à chercher sa racine, etc.
- Pour toutes les activités, des dictionnaires, papier ou en ligne, sont à la disposition des élèves qui apprennent notamment à y repérer les informations étymologiques.

Comment l'orthographe est-elle enseignée en cours de français ?

L'orthographe peut être abordée de différentes façons, à l'occasion d'activités de lecture et d'expression écrite, ou dans des séances spécifiques d'étude de la langue.

Les cours sur une notion d'orthographe

À intervalles réguliers, l'enseignant est amené à consacrer des séances à des **notions d'orthographe** du programme. Le déroulement type est le suivant : la règle est mise en évidence par les élèves eux-mêmes à l'issue d'une phase d'observation. Différents exercices permettent de la mettre en pratique œuvre, dans des contextes de plus en plus complexes.

Les dictées

Les dictées sont utilisées comme support d'apprentissage (elles sont alors préparées) ou en contrôle final. Dans les deux cas, elles permettent à l'enseignant d'**évaluer les progrès en orthographe** de ses élèves et de déceler les points non acquis sur lesquels il devra revenir.

Les activités d'expression écrite

La rédaction permet le **réemploi des apprentissages orthographiques**. En général, les élèves aiment raconter une histoire, imaginer un dialogue, argumenter sur un thème mais, dans le feu de l'invention, ils oublient souvent leurs connaissances orthographiques. Le professeur de français leur apprend à revenir sur leurs textes, après la phase de conception, et à corriger les erreurs qu'ils ont laissées passer.

Comment aider son enfant à faire des progrès en orthographe ?

Sachez que les trois années du cycle 4 sont nécessaires pour consolider les acquis des élèves en orthographe. Soyez donc vigilant sans attendre des résultats immédiats ni majorer les difficultés. Vous pouvez cependant apporter une aide : sous quelle forme ?

L'inciter à corriger ses fautes

- N'hésitez pas à signaler à votre enfant des **fautes d'orthographe laissées dans ses cahiers** ou ses devoirs (pas seulement en français).
- Quand c'est possible, encouragez-le à les corriger de manière autonome à l'aide d'outils appropriés : dictionnaire, tableau de conjugaisons, correcteur orthographique.

Refaire des dictées effectuées en classe

Après une dictée effectuée en classe, que votre enfant n'a pas réussie, vous pouvez **redicter partie ou totalité du texte**. S'il l'écrit sans erreurs, votre enfant sortira de l'exercice plus confiant. S'il commet les mêmes erreurs ou d'autres, aidez-le à les analyser et renvoyez-le aux règles qui lui permettront de les corriger.

Lui proposer un entraînement complémentaire

En fonction du niveau et de la motivation de votre enfant, vous pouvez lui proposer des **exercices d'orthographe et des dictées complémentaires**, comme ceux présentés dans ce cahier.

Comment utiliser le cahier Chouette Dictées 4e ?

Conçu par des enseignants expérimentés, ce cahier propose un entraînement méthodique permettant à votre enfant de progresser en orthographe. Ses différents chapitres correspondent aux connaissances à acquérir en 4e.

La structure des chapitres

- Chaque chapitre s'ouvre sur une **« leçon »**. Demandez à votre enfant de la lire attentivement et de ne pas sauter cette étape.
- Suivent des **exercices d'application** et, sur la page de droite, une **dictée préparée** en lien avec le thème de la leçon.
- Le chapitre se solde par une **dictée non préparée** dont le texte se trouve dans le livret de corrigés.
- À noter : les aides en marge des exercices proposent des reformulations ou des compléments sur certains points de la leçon.

Le temps à passer sur un chapitre

L'apprentissage de l'orthographe demande du temps, mais ce temps n'est pas le même selon les élèves.

- Si **votre enfant a du mal à se concentrer**, il peut étudier chaque chapitre en deux étapes. D'abord la lecture raisonnée de la leçon suivie des exercices d'application (page de gauche). Dans un second temps, la dictée préparée, précédée des exercices de préparation (page de droite).
- Si **votre enfant a des facilités**, il peut enchaîner directement les exercices d'application avec la dictée non préparée.

L'ordre des chapitres

L'ordre du sommaire est logique et progressif. N'hésitez pas cependant à **cibler les chapitres** correspondant à des leçons vues en classe ou à des difficultés récurrentes de votre enfant.

Pourquoi et comment faire des dictées à la maison ?

Recommandée dans les instructions officielles, proposée au brevet, la dictée est un bon outil pour progresser en orthographe. Dans chacun des chapitres de ce cahier, vous trouverez une dictée préparée et une dictée non préparée. Mais il y a plusieurs manières d'utiliser ces dictées.

Les dictées des cahiers Chouette

Les dictées préparées

Dans chacun des chapitres, le cahier Chouette propose une dictée préparée en rapport avec la leçon traitée et permettant également la révision des acquis précédents.

Demandez à votre enfant de lire attentivement le texte de la dictée puis de **répondre aux questions qui y sont associées**. Dictez ensuite le texte, groupe de mots par groupe de mots, en signalant bien la ponctuation.

Les dictées non préparées

Le cahier Chouette propose également des dictées non préparées comme exercices d'évaluation. Vous pouvez les utiliser en mode dialogué ou négocié (voir ci-dessous). N'oubliez pas de **commencer par lire le texte en entier** pour que votre enfant prenne connaissance de son sens général.

Modalités particulières de la dictée

La dictée dialoguée

Au cours de la dictée, votre enfant **peut vous poser des questions** afin de résoudre les problèmes qu'il rencontre. Il s'agit alors de le guider sans donner la réponse.

La dictée négociée

Si vous faites la dictée à plusieurs enfants en même temps, vous pouvez pratiquer la dictée négociée. Après avoir écrit le texte, **les enfants mettent en commun leur travail.** Ils s'expliquent mutuellement leurs fautes et essaient de trouver ensemble les bonnes réponses.

La correction et l'évaluation des dictées

De l'autocorrection à la correction

À la fin de la dictée, **soulignez les fautes commises** (s'il y en a !) et demandez à votre enfant de les corriger ; guidez-le en le faisant analyser par exemple le temps du verbe, la chaîne d'accord, la nature du mot.
Pour finir, corrigez les erreurs qui demeurent en les lui expliquant. Attirez son attention, le cas échéant, sur des fautes qui reviennent souvent (par exemple, un participe passé du 1er groupe écrit *-er* au lieu de *-é*, une marque de 3e personne au lieu d'une marque de 1re personne).

Noter la dictée

Si votre enfant aime le défi, vous pouvez noter sa dictée. Par exemple, sur 10 selon cette règle : 0,5 point par faute d'usage, 1 point par faute grammaticale, et 1 point pour quatre fautes d'accent, de majuscule ou de trait d'union.
L'objectif est qu'il améliore sa performance. Attention, les dictées du cahier sont plus ou moins difficiles selon les thèmes des chapitres. Si votre enfant a commis beaucoup d'erreurs, vous pouvez **ne tenir compte que des fautes en lien avec le thème de la leçon**.

PETITE FOIRE AUX QUESTIONS

→ Un enfant qui lit est-il meilleur en orthographe ?

Il est avéré que la lecture **favorise la mémorisation de l'orthographe d'usage** en augmentant la fréquence de rencontre avec les mots. Mais n'oubliez pas que la lecture peut porter sur toutes sortes d'écrits (littéraires ou non) et s'effectuer désormais autant sur papier que sur écran.

→ Comment puis-je déceler une éventuelle dysorthographie ?

Nombreux sont les élèves qui rencontrent des difficultés en orthographe. Pour autant, tous ne sont pas dysorthographiques. Pour certains, les difficultés viennent d'une méconnaissance des règles et d'un manque de pratique régulière et méthodique de l'orthographe. Avec du travail et du temps, on note des progrès qui s'affirment souvent au lycée.
Cependant **certains signes persistants doivent vous alerter** : les omissions, inversions ou confusions de lettres, la transcription phonétique des mots, la difficulté à acquérir l'orthographe lexicale. Dans ce cas, il convient de faire faire un bilan par un orthophoniste.

→ Les correcteurs orthographiques sont-ils utiles ?

Les traitements de texte mettent à disposition des utilisateurs des correcteurs orthographiques qui signalent un certain nombre d'erreurs, pas toutes cependant. Il est donc nécessaire d'**en faire un usage raisonné**. Votre enfant doit apprendre à choisir la bonne réponse parmi celles proposées en se référant si nécessaire soit à un dictionnaire, soit aux règles d'orthographe.

→ Qu'appelle-t-on les rectifications orthographiques ?

Le Conseil supérieur de la langue française a proposé des **rectifications orthographiques** publiées en 1990 (voir p. 61). Vous pouvez noter qu'elles simplifient quelques règles, principalement celles relatives à l'écriture des nombres, au pluriel des noms composés et à la conjugaison au présent des verbes en *-eler* et *-eter*, et qu'elles n'obligent plus à mettre un accent circonflexe sur les lettres i et u, sauf en cas d'homonymie (*du*/*dû*).

14 Écrire les sons [i] et [y] à la fin d'un verbe

1

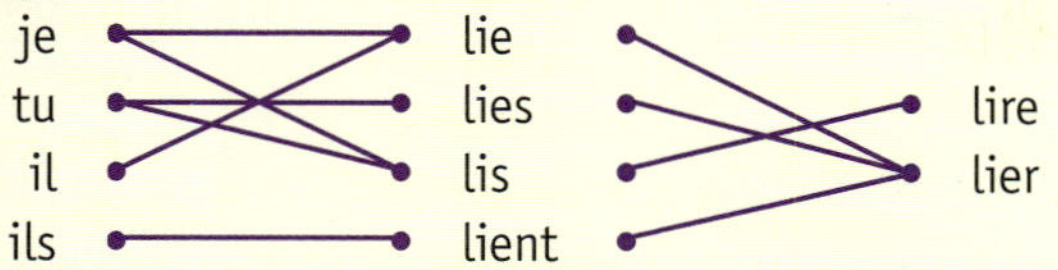

2

Verbes	Présent	Passé simple	Passé composé
lire	je lis	je lus	j'ai lu
vivre	tu vis	tu vécus	tu as vécu
savoir		il sut	il a su
crier	ils crient		
dire	il dit	il dit	il a dit
mettre		il mit	il a mis

EXPLICATION
Attention au passé simple et au participe passé du verbe *vivre*: *je vécus/vécu*. Retiens aussi le passé simple du verbe *naître* : *je naquis*.

3 « Je vous présente le grand bourbier de Grimpen, me dit-il. Un faux pas, et c'est la mort pour un homme ou un animal. Hier encore j'ai vu l'un des poneys de la lande errer par là ; il n'en est jamais sorti. J'ai vu sa tête qui longtemps a émergé au-dessus d'un trou de vase, mais le marais l'a finalement aspiré. Tenez, voilà un autre de ces malheureux poneys ! »
Quelque chose de brun se balançait en déséquilibre parmi les joncs verts. Puis un long cou qui se tordait dans l'agonie sauta en l'air et un hurlement effroyable retentit à travers la lande. Je frémis d'horreur, mais les nerfs de mon compagnon me parurent plus solides que les miens.
« Fini ! me dit-il. Le bourbier l'a englouti ! »

4

Passé simple	Participes passés
dit × 2 (il), retentit (un hurlement effroyable), frémis (je)	vu (× 2), sorti, fini, englouti

5 Les verbes en *-cer* prennent une cédille sous le *c* devant *a* et *o*.

6 **a. 1.** jonc : jonchaie, joncher
2. nerf : nervure, énervé, nerveux
b. 1. grand → féminin : grande
2. faux → féminin : fausse
3. malheureux → féminin : malheureuse

EXPLICATION
- Le fait de rechercher des mots de la même famille permet de connaître la dernière lettre d'un mot. Parfois des modifications apparaissent : le *f* devient *v*, le *x* devient *s* (ou *ss*).
- Le fait de mettre l'adjectif au féminin permet de connaître la dernière lettre de l'adjectif au masculin. Attention : *roux* → *rousse*, *vif* → *vive*.

7 **DICTÉE NON PRÉPARÉE**

Les mots en violet sont en rapport avec la difficulté traitée dans la leçon.
Les mots soulignés seront épelés au cours de la dictée (noms propres).

Retour de voyage

Jeanne, jeune mariée, rentre de voyage de noces et retrouve ses parents.

Les paroles abondantes coulaient des lèvres de Jeanne ; et tout fut dit, tout, en une demi-heure, sauf peut-être quelques petits détails oubliés dans ce récit rapide.

Puis la jeune femme alla défaire ses paquets. Rosalie, tout émue aussi, l'aidait. Quand ce fut fini, quand le linge, les robes, les objets de toilette eurent été mis en place, la petite bonne quitta sa maîtresse ; et Jeanne, un peu lasse, s'assit.

Elle se demanda ce qu'elle allait faire maintenant, cherchant une occupation pour son esprit, une besogne pour ses mains.

Alors elle s'aperçut qu'elle n'avait plus rien à faire, plus jamais rien à faire.

D'après Guy de Maupassant, *Une vie*, 1883.

15 Écrire un verbe au futur simple ou au présent du conditionnel

1 **1.** ils mourront
2. vous nierez
3. ils se noieront
4. nous scierons

2 **1.** envoyer → il enverrait
2. devoir → il devrait
3. crier → il crierait
4. savoir → il saurait
5. courir → il courrait
6. nettoyer → il nettoierait

EXPLICATION
◗ Attention, pour les verbes en *-yer*, n'oublie pas de changer le *y* en *i* devant le *e* muet : *il nettoyer + ait = nettoierait*
◗ Attention aux deux *r* de *courir* (et *mourir*).

3 **1.** Je t'assure que je serai prêt à l'heure.
Je t'assure qu'il sera prêt à l'heure. → futur
2. J'ai cru que je n'y arriverais jamais.
Il a cru qu'il n'y arriverait jamais. → conditionnel
3. Je promets que je n'oublierai pas d'appeler pour réserver les places.
Il promet qu'il n'oubliera pas d'appeler pour réserver les places. → futur

EXPLICATION
En remplaçant la 1re personne du singulier par la 3e, tu évites les confusions.

4 – Aujourd'hui, Prascovia Ossipovna, je ne prendrai pas de café, dit Ivan Iakovlévitch ; je mangerai plutôt du pain chaud et de l'oignon (Ivan Iakovlévitch se serait volontiers régalé de café et de pain frais, mais il savait qu'il était inutile de demander deux choses à la fois : Prascovia Ossipovna n'admettait pas ces fantaisies).
« Il n'a qu'à manger du pain, l'imbécile ! songea la dame ; tant mieux pour moi : il me restera plus de café. »
Soucieux des convenances, Ivan Iakovlévitch enfila son habit par-dessus sa chemise et s'étant installé à table, il éplucha deux oignons, les saupoudra de sel, prit en main son couteau et, la mine solennelle, se mit en devoir de couper le pain. L'ayant partagé en deux, il aperçut à son grand étonnement une masse blanchâtre dans la mie ; il piqua la chose avec précaution du bout de son couteau, puis la tâta du doigt : « C'est dur, se dit-il ; qu'est-ce que cela pourrait bien être ? »
Il plongea ses doigts dans la mie et en retira... un nez !

5 **a.** Je ne prendrai pas de café [...] ; je mangerai plutôt du pain chaud et de l'oignon. → Il ne prendra pas de café [...] ; il mangera plutôt du pain chaud et de l'oignon.
b. Il s'agit d'éviter la confusion entre le futur et le conditionnel.

EXPLICATION
◗ La confusion est fréquente entre la 1re personne du singulier du futur et celle du conditionnel présent.
◗ N'hésite pas à effectuer la transformation.

6 **a.** (voir dans la dictée). **b.** **1.** saupoudra • **2.** retira
c. **1.** songea • **2.** plongea

EXPLICATION
◗ Au futur, nous aurions *saupoudrera* et *retirera*.
◗ Il s'agit de verbes en *-ger* : ils présentent un *e* après le *g* devant un *a*.

7 **DICTÉE NON PRÉPARÉE**

Les mots en violet sont en rapport avec la difficulté traitée dans la leçon.
Les mots soulignés seront épelés au cours de la dictée (noms propres).

La lettre

Eugénie Grandet lit une lettre de Charles, son cousin, pour lequel elle ressent une profonde affection.

« Ma chère Annette, rien ne devait nous séparer, si ce n'est le malheur qui m'accable et qu'aucune prudence humaine n'aurait su prévoir. Mon père s'est tué, sa fortune et la mienne sont entièrement perdues. Je viens d'employer une partie de cette nuit à faire mes calculs. Si je veux quitter la France en honnête homme, et ce n'est pas un doute, je n'ai pas cent francs à moi pour aller tenter le sort aux Indes ou en Amérique. Quant à rester à Paris, je ne saurais. J'y serais tué en duel dans la première semaine. Aussi n'y retournerai-je point. »

– Pauvre Charles, j'ai bien fait de lire ! J'ai de l'or, je le lui donnerai, dit Eugénie.

D'après Honoré de Balzac, *Eugénie Grandet*, 1833.

16 Écrire un verbe au présent et à l'imparfait du subjonctif

1 **1.** J'ai peur qu'il me voie.
2. Je suis sûr qu'il me voit.
3. Il court très vite.
4. Il faut qu'il coure.

2 **1.** qu'il aimât **2.** qu'il prît **3.** qu'il finît
4. qu'il dît ; qu'il dût **5.** qu'il vînt ; qu'il vît

3
bien que → la nuit soit tombée
avant que → la nuit soit tombée
après que → la nuit est tombée

4 souvienne – Vienne – sonne

5 **a.** Le verbe *reviennent* est au présent de l'indicatif alors que *vienne* et *souvienne* sont au subjonctif.
b. Le radical du subjonctif présent est le même que celui de la 3e pers. du pluriel de l'indicatif présent. *Ils viennent/que je vienne. Ils prennent/que je prenne.*

6 **a.** Sous le pont Mirabeau coule la Seine / Vienne la nuit sonne l'heure /
Tandis que sous / Le pont de nos bras passe /
Des éternels regards l'onde si lasse
b. Viennent les nuits sonnent les heures /
Tandis que sous / Le pont de nos bras passent /
Des éternels regards les ondes si lasses

7 **DICTÉE NON PRÉPARÉE**

Les mots en violet sont en rapport avec la difficulté traitée dans la leçon.

Premier jour de classe

Charles Bovary, un nouvel élève, fait son entrée parmi ses nouveaux camarades.

Resté dans l'angle, derrière la porte, si bien qu'on l'apercevait à peine, le nouveau était un gars de la campagne, d'une quinzaine d'années environ, et plus haut de taille qu'aucun de nous tous.

Quoiqu'il ne fût pas large des épaules, son habit-veste de drap vert à boutons noirs devait le gêner aux entournures et laissait voir des poignets rouges habitués à être nus.

On commença la récitation des leçons. Il les écouta de toutes ses oreilles, attentif comme au sermon, n'osant même croiser les cuisses, ni s'appuyer sur le coude, et, à deux heures, quand la cloche sonna, le maître d'études fut obligé de l'avertir, pour qu'il se mît avec nous dans les rangs.

D'après Gustave Flaubert, *Madame Bovary*, 1856.

17 Distinguer *es, est, ai, aie et ait*

1 C'est toi qui sais ce qui est le mieux pour que tu aies le plus de chance de réussir. Tu es le plus à même de choisir.

2

	Transformation	Forme
Ex. : *Je n'ai rien vu.*	*Il n'a rien vu*	verbe *avoir*, 1re pers. sing. du présent de l'indicatif
1. N'aie pas peur.	N'ayez pas peur.	2e personne du sing. de l'impératif présent du verbe *avoir*
2. Le temps sera écoulé avant qu'il ait terminé son exercice.	Le temps sera écoulé avant que nous ayons terminé notre exercice.	3e personne du sing. du subjonctif présent de l'auxiliaire *avoir*
3. Quoique j'aie beaucoup d'amitié pour lui, je ne peux tout accepter.	Quoique nous ayons beaucoup d'amitié pour lui, nous ne pouvons tout accepter.	1re personne du sing. du subjonctif présent du verbe *avoir*
4. Tu es dur avec ta sœur.	Je suis dur avec ma sœur.	2e personne du sing. du présent de l'indicatif du verbe *être*

3 Que tu ailles dire à ce Turc qu'il me renvoie mon fils, et que tu te mettes à sa place jusqu'à ce que j' aie amassé la somme qu'il demande. • Et vous figurez-vous que ce Turc ait si peu de sens que d'aller recevoir un misérable comme moi à la place de votre fils ? • Sait-il bien ce que c' est que cinq cents écus ? • Oui, Monsieur, il sait que c' est mille cinq cents livres.
b.

Avoir au subj. présent, 1re pers. sing.	*Avoir* au subj. présent, 3e pers. sing.	*Être* au présent de l'indicatif, 3e pers. sing.
aie	ait	est (× 2)

EXPLICATION
jusqu'à ce que j'aie amassé la somme qu'il demande/ jusqu'à ce que nous ayons amassé la somme qu'il demande (subjonctif).

4 a. GÉRONTE. – Sait-il bien ce que c'est que cinq cents écus ?
SCAPIN. – Oui, Monsieur, il sait que c'est mille cinq cents livres.
b. 1. C'est Scapin qui se charge de soutirer à Géronte les cinq cents écus.
2. Géronte sait-il que Scapin se joue de lui ?
3. Léandre, le fils de Géronte, s'est-il réellement fait enlever par la galère turque ?

5 **DICTÉE NON PRÉPARÉE**

Les mots en violet sont en rapport avec la difficulté traitée dans la leçon.

Je suis mort, je suis enterré

L'avare Harpagon est bouleversé : on lui a dérobé son argent.

Mon esprit est troublé et j'ignore où je suis, qui je suis, et ce que je fais. Hélas, mon pauvre argent, mon pauvre argent, mon cher ami, on m'a privé de toi ! Et, puisque tu m'es enlevé, j'ai perdu mon support, ma consolation, ma joie : tout est fini pour moi, je n'ai plus que faire au monde ! Sans toi, il m'est impossible de vivre. C'en est fait, je n'en puis plus, je me meurs, je suis mort, je suis enterré !

Molière, *L'Avare*, 1668.

18 Distinguer ce et se, c'est et s'est

1 1. C'est sur son ordinateur qu'il travaille.
2. Mon ami s'est fâché avec ses parents. Heureusement, il s'est réconcilié avec eux.
3. Ce garçon n'a peur de rien. Il s'est jeté dans le vide au bout d'un élastique et s'est cassé le pied.
4. Le chien s'est précipité pour défendre son maître.
5. Le chien se précipite pour défendre son maître.
6. Ce n'est rien !
7. C'est très grave !
8. Ses notes se sont légèrement améliorées ce trimestre. C'est déjà ça mais je ne sais pas si cela suffira.

2

	Transformation pour vérification
Ex. : *C'est trop fort.*	*Cela est trop fort.*
1. Il s'est trompé de route et s'est égaré en pleine campagne.	Je me suis trompé de route et me suis égaré en pleine campagne.
2. Il se contredit sans cesse.	Je me contredis sans cesse.
3. Ce n'est pas mon tour.	Cela n'est pas mon tour.
4. Cette fille se prend pour une star.	Je me prends pour une star.
5. Ils se connaissent à peine et ne se quittent plus.	Nous nous connaissons à peine et ne nous quittons plus.

EXPLICATION
En cas de doute, ces manipulations doivent devenir un réflexe.

3 a. Alors, on a tous commencé à parler à la fois, et ça faisait un drôle de bruit ; il fallait crier fort pour se faire écouter et la maîtresse a fait un soupir, elle s'est levée et elle est sortie dans le couloir, en laissant la porte ouverte, et elle s'est mise à parler avec les autres maîtresses, qui ne sont pas aussi chouettes que la nôtre, et c'est pour ça qu'on essaie de ne pas trop la faire enrager.
– Allez, a dit Eudes. On joue à la balle au chasseur ?
– T'es pas un peu fou ? a dit Rufus. Ça va faire des histoires avec la maîtresse, et puis c'est sûr on va casser une vitre !
– Ben, a dit Joachim, on n'a qu'à ouvrir les fenêtres !

b.

Pronom personnel réfléchi	Pronoms personnels élidés + auxiliaire *être*	Pronoms démonstratifs élidés + auxiliaire *être*
se	s'est (× 2)	c'est (× 2)

EXPLICATION
Là encore, n'hésite pas à effectuer des transformations.
- *Se faire écouter* → *me faire écouter.*
- *Elle s'est levée* → *je me suis levé(e).*
- *C'est sûr* → *cela est sûr.*

4 **a.** Verbe : essaie (essayer)
b. essaye
c. Les verbes en *-yer* changent le *y* en *i* devant un *e* muet. C'est systématique pour les verbes en *-oyer* et *-uyer*. Mais il y a deux graphies possibles pour les verbes en *-ayer*.

5 **1.** votre maîtresse → la vôtre, vos maîtresses → les vôtres
2. leur maîtresse → la leur, leurs maîtresses → les leurs

6 **DICTÉE NON PRÉPARÉE**

Les mots en violet sont en rapport avec la difficulté traitée dans la leçon.
Les mots soulignés seront épelés au cours de la dictée (vocabulaire difficile).

Un matin d'école

Le narrateur imagine le quotidien d'un jeune écolier…

Il s'est dirigé vers l'école tout enveloppé encore de la chaleur de son lit, un arrière-goût de chocolat dans la bouche, serrant bien fort cette main au-dessus de sa tête, marchant vite vite, deux pas quand maman n'en fait qu'un, son cartable bringuebalant sur son dos, et c'est la porte de l'école, le baiser hâtif, la cour de ciment et ses marronniers noirs, les premiers décibels… il s'est rencogné sous le préau ou est entré aussitôt dans la danse, c'est selon, puis ils se sont tous retrouvés assis derrière les tables lilliputiennes.

Daniel Pennac, *Comme un roman*, © Gallimard, 1992.

19 Distinguer *ni* et *n'y*, *si* et *s'y*

1 **1.** Mon ami ne connaît pas Londres. Il n'y est jamais allé.
Il n'est jamais allé à Londres.
2. Il a une cabane dans l'arbre du jardin. Il s'y réfugie quand il veut être seul.
Il se réfugie dans sa cabane quand il veut être seul.
3. Mon frère aime la politique. Il s'y intéresse beaucoup.
Il s'intéresse beaucoup à la politique.

EXPLICATION
N' = *ne*, et *y* est un pronom, il sert à éviter la répétition d'un nom ou d'un groupe nominal.

2 **1.** N'y va pas, c'est peut-être dangereux. **2.** Ni mon frère ni ma sœur ne connaissent ma cachette secrète. **3.** Pierre ne veut pas aller dans son nouveau collège : il n'y connaît personne. **4.** Si tu recommences, tu réussiras peut-être. **5.** Je me demande si tu as compris mon message. **6.** Ce jeu est si intéressant que j'y passe des heures. **7.** Mon ami est parti à Londres. Il s'y est rendu en train.

EXPLICATION
Phrase 2 : note bien que *ni* est souvent utilisé deux fois : *ni… ni…* Phrase 3 : *Il ne connaît personne dans son nouveau collège.* Phrase 6 : *Si* = *tellement*. Phrase 7 : *Il s'est rendu à Londres en train.*

3 Chevaliers laissez-moi monter sur ce rocher si haut
Pour voir une fois encore mon beau château
Là-haut le vent tordait ses cheveux déroulés
Les chevaliers criaient Loreley Loreley
Tout là-bas sur le Rhin s'en vient une nacelle
Et mon amant s'y tient il m'a vue il m'appelle
Mon cœur devient si doux c'est mon amant qui vient
Elle se penche alors et tombe dans le Rhin
Pour avoir vu dans l'eau la belle Loreley
Ses yeux couleur du Rhin ses cheveux de soleil

4 **a.** *y* remplace « dans la nacelle »
→ Et mon amant se tient dans cette nacelle il m'a vue il m'appelle.
b. On peut remplacer *si* par tellement.

EXPLICATION
Ces substitutions permettent d'éviter de confondre *s'y* et *si*.

5 Ni l'évêque ni les chevaliers n'échappent au pouvoir des yeux de Loreley. Elle n'y échappe pas elle-même. Elle tombe dans le Rhin pour avoir vu ses yeux si beaux s'y refléter et elle s'y noie.

EXPLICATION
La Loreley n'échappe pas elle-même au pouvoir ensorcelant de ses yeux. Elle tombe dans le Rhin pour avoir vu dans l'eau ses yeux tellement beaux se refléter dans le Rhin et elle se noie dans le Rhin.

6 **a.** Accord : avec le nom qu'il qualifie, c'est-à-dire cheveux, masculin pluriel, donc déroul<u>és</u>.

b. 1. vue **2.** vu

Accord 1 : avec le COD placé devant = *m'* = *Loreley* (féminin), donc vu<u>e</u>.

Accord 2 : il n'y a pas d'accord car les COD (*la belle Loreley, ses yeux couleur de Rhin, ses cheveux de soleil*) sont placés après, donc v<u>u</u>.

7 **DICTÉE NON PRÉPARÉE**

Les mots en violet sont en rapport avec la difficulté traitée dans la leçon.

La corvée

La petite Cosette, confiée par sa mère à un couple d'aubergistes, les Thénardier, est exploitée et traitée en domestique. Elle est chargée d'aller seule, la nuit, tirer de l'eau hors du village.

Elle ne pensait plus, elle ne voyait plus. L'immense nuit faisait face à ce petit être.

Chose étrange, elle ne se perdit pas. Un reste d'instinct la conduisait vaguement. Elle ne jetait cependant les yeux ni à droite ni à gauche, de crainte de voir des choses dans les branches et dans les broussailles. Elle arriva ainsi à la source.

Elle chercha de la main gauche dans l'obscurité un jeune chêne incliné sur la source qui lui servait ordinairement de point d'appui, rencontra une branche, s'y suspendit, se pencha et plongea le seau dans l'eau. Elle était dans un moment si violent que ses forces étaient triplées.

D'après Victor Hugo, *Les Misérables*, 1862.

20 Distinguer *quand, quant* et *qu'en, sans* et *s'en*

1

Quand • — • à mon équipe, elle est arrivée bonne dernière.
Qu'en • — • la neige tombera-t-elle ?
Quant • — • penser ? Je me le demande bien.

2 **1.** Sans faire de bruit, il s'en est allé. **2.** Il n'a aucune chance de s'en sortir sans encombre sans entraînement. **3.** Sans tambour ni trompette, le champion a annoncé qu'il mettait fin à sa carrière. **4.** Pierre n'a pas de nouvelles de son frère ; il s'en inquiète beaucoup. **5.** Cela fait cent fois que je te le répète !

EXPLICATION
- *S'en sortir* → se sortir *de cela*.
- *Il s'en inquiète beaucoup* → il s'inquiète beaucoup de ne pas avoir de nouvelles de son frère.
- Un autre homophone s'est glissé dans l'exercice : cent.

3 **1.** Je l'ai prévenu de toutes les difficultés qui l'attendent, mais il ne s'en préoccupe guère. → mais il ne se préoccupe guère de toutes les difficultés qui l'attendent. • **2.** J'ai passé du temps sur ce devoir et j'ai hâte de savoir ce qu'en pense le professeur. → j'ai hâte de savoir ce que pense le professeur de ce devoir. • **3.** Mes camarades mettent en doute mes capacités de gardien de but. Qu'en savent-ils ? → Que savent-ils de mes capacités de gardien de but ?

EXPLICATION
En est un pronom. Il est toujours utile d'identifier le groupe nominal qu'il remplace.

4 Maître Corbeau, sur un arbre perché,
Tenait en son bec un fromage,
Maître Renard, par l'odeur alléché,
Lui tint à peu près ce langage :
« Hé bonjour, Monsieur du Corbeau,
Que vous êtes joli ! que vous me semblez beau !
Sans mentir, si votre ramage
Se rapporte à votre plumage,
Vous êtes le Phénix des hôtes de ces bois. »
À ces mots, le Corbeau ne se <u>sent</u> pas de joie ;
Et pour montrer sa belle voix,
Il ouvre un large bec, laisse tomber sa proie.
Le Renard s'en saisit et dit : « Mon bon Monsieur,

Apprenez que tout flatteur
Vit aux dépens de celui qui l'écoute.
Cette leçon vaut bien un fromage sans doute. »

5 *En* remplace « la proie du corbeau »
→ Le Renard se saisit de la proie du corbeau.

6 Quand le corbeau ouvre le bec, il laisse tomber le fromage. Quant au renard, il s'en saisit sans tarder. Qu'en pense La Fontaine ? Qui, du flatteur ou du vaniteux, prend-il pour cible ?

7

Infinitif	Participe passé	Impératif	2e pers. plur. de l'ind. présent
montrer, tomber	perché, alléché	apprenez	semblez

EXPLICATION
N'hésite pas à remplacer le verbe du 1er groupe par un verbe d'un autre groupe : *par l'odeur alléché* (séduit)/ *pour montrer* (faire paraître) *sa belle voix*/*Il ouvre un large bec, laisse tomber* (choir) *sa proie*.

8 **DICTÉE NON PRÉPARÉE**

Les mots en violet sont en rapport avec la difficulté traitée dans la leçon.
Le mot souligné sera épelé au cours de la dictée (vocabulaire difficile).

Le trajet en bus

Il prenait chaque matin l'omnibus, pour se rendre à son bureau. Et chaque matin il voyageait jusqu'au centre de Paris, en face d'une jeune fille dont il devint amoureux. On rencontre parfois de ces femmes qu'on a envie de serrer éperdument dans ses bras, tout de suite, sans les connaître.

Il la regardait obstinément, malgré lui. Gênée par cette contemplation, elle rougit. Il s'en aperçut et voulut détourner les yeux ; mais il les ramenait à tout moment sur elle, quoiqu'il s'efforçât de les fixer ailleurs.

Au bout de quelques jours, ils se connurent sans s'être parlé.

Il lui cédait sa place quand la voiture était pleine et montait sur l'impériale, bien que cela le désolât.

D'après Guy de Maupassant, « Le père », *Contes du jour et de la nuit*, 1885.

21 Distinguer *quel(s), quelle(s)* et *qu'elle(s)*

1 **1.** Quelle drôle d'idée ! **2.** Quels drôles de garçons ! **3.** Quel drôle de garçon ! **4.** Quels livres veux-tu que je te prête ? **5.** Quelles sont tes fleurs préférées ? **6.** Quelle que soit la météo, nous irons skier la semaine prochaine. **7.** Quel que soit le temps, mes cousins camperont.

2 **1.** Quelle bonne surprise ! Nous ne pensions pas qu'elle viendrait. **2.** Quelle que soit sa place dans la course, nous l'applaudirons chaleureusement. **3.** Quel étrange personnage ! **4.** Le film qu'elle a vu ne lui a pas beaucoup plu. **5.** Qu'elle ait été capable de faire l'ascension du mont Blanc est assez surprenant.
b. 1. Quelques spectateurs ont sifflé le chanteur. **2.** Il a dû être aperçu par quelque témoin. **3.** Quel que soit son prix, je l'achète. **4.** Quelle que soit sa valeur, je ne vendrai pas ce tableau. **5.** Quelques chutes de neige ont suffi à rendre le paysage tout blanc.

3 M. Darzac, au cours de la conversation qu'il eut alors avec sa femme, s'était rappelé qu'il avait omis d'écrire quelques lettres pressantes avant leur départ. Tous deux étaient entrés au buffet. M. Darzac avait demandé qu'on lui remît ce qu'il fallait pour écrire. Mathilde s'était assise à ses côtés, puis elle s'était levée et avait dit à son mari qu'elle allait se promener devant la gare, faire un petit tour pendant qu'il finirait sa correspondance.
Et maintenant, je laisse la parole à M. Darzac :
– J'avais fini d'écrire, nous dit-il, et je me levai pour aller rejoindre Mathilde quand je la vis arriver, affolée, dans le buffet. Aussitôt qu'elle m'aperçut, elle poussa un cri et se jeta dans mes bras. Elle tremblait horriblement. Je la rassurai, je lui dis qu'elle n'avait rien à craindre puisque j'étais là, et je lui demandai doucement, patiemment, quel avait été l'objet d'une aussi subite terreur. Je la fis asseoir, car elle ne tenait plus sur ses jambes, et je la suppliai de prendre quelque chose.

Déterminant indéfini	Conjonction de subordination + pronom personnel féminin sujet	Déterminant interrogatif
quelques, quelque	qu'elle (× 2), (aussitôt) qu'elle	quel

EXPLICATION
Aussitôt qu'elle : *qu'* est un des éléments de la locution conjonctive.

4 1. Je la rassurai, je lui dis qu'elle n'avait rien à craindre, quel que soit le danger, puisque j'étais là, et je lui demandai doucement, patiemment, quel avait été l'objet d'une aussi subite terreur.
2. Je lui dis qu'elle n'avait rien à craindre, quelle que soit la menace, puisque j'étais là, et je lui demandai doucement, patiemment, quelle avait été la cause d'une aussi subite terreur.

5 a. Les verbes en couleur sont conjugués au passé simple. b. On peut confondre ce temps avec l'imparfait. On peut éviter la confusion en conjuguant le verbe à une autre personne, ou en le remplaçant par un verbe d'un autre groupe.

6 **DICTÉE NON PRÉPARÉE**

Les mots en violet sont en rapport avec la difficulté traitée dans la leçon.
Le mot souligné sera épelé au cours de la dictée (nom propre).

La danseuse

Le héros, Piskariov, retrouve, dans un bal, la femme mystérieuse qu'il a croisée sur la perspective Nevski, une des avenues principales de Saint-Pétersbourg. Cette femme hante ses pensées.

Les femmes tourbillonnaient, enveloppées de voiles de Paris, dans des robes tissées d'air pur. Cependant, l'une des danseuses dépassait toutes les autres par la beauté, l'élégance et l'éclat de sa toilette. Elle regardait sans la voir la foule des spectateurs qui l'entouraient, ses longs cils admirables s'abaissaient avec indifférence et la blancheur de son visage devint encore plus éclatante quand, alors qu'elle inclinait la tête, une ombre légère glissa sur son front ravissant.

Piskariov s'efforça de fendre la foule pour la contempler.

Elle leva ses longs cils et embrassa la foule de son regard clair. « Mon Dieu ! qu'elle est belle !... » C'est tout ce qu'il put murmurer, la respiration coupée. Mais avec quelle fatigue et quelle indifférence elle détourna rapidement ses regards.

D'après Gogol, « La Perspective Nevski », *Arabesques*, 1835. DR.

22 Identifier et écrire tout

1

Elle est	tout / **toute**	bouleversée.
La ville est	toute / **tout**	illuminée.
Les élèves sont	**tout** / tous	endormis ce matin.
Les élèves sont	toutes / **tout**	endormies ce matin.

2 1. Tous les élèves de la classe ont participé au voyage à Rome.
2. Tout le collège ira au cinéma.
3. Tout est fini entre nous. Tu as tout gâché.
4. Cette petite fille est tout effrayée par l'orage.
5. Ma sœur est encore toute petite.
6. Ces chiens sont tout petits.

EXPLICATION
▶ *Tout* déterminant s'accorde avec le nom qu'il détermine : *tous les élèves, tout le collège.*
▶ *Tout* pronom est ici singulier (voir le verbe) : *tout est fini.*
▶ *Tout* adverbe s'accorde ou reste invariable en fonction du genre de l'adjectif et de sa première lettre.

3 a. La comtesse se mit à se déshabiller devant un miroir. On lui ôta sa coiffure de roses et on sépara sa perruque poudrée de ses cheveux à elle, tout ras et tout blancs. Les épingles tombaient en pluie autour d'elle. Sa robe jaune, lamée d'argent, glissa jusqu'à ses pieds gonflés. Hermann assista malgré lui à tous les détails peu ragoûtants d'une toilette de nuit ; enfin la comtesse demeura en peignoir et en bonnet de nuit. En ce costume plus convenable à son âge, elle était un peu moins effroyable.
Comme la plupart des vieilles gens, la comtesse était tourmentée par des insomnies. Après s'être déshabillée, elle fit rouler son fauteuil dans l'embrasure d'une fenêtre et congédia ses femmes. On éteignit les bougies, et la chambre ne fut plus éclairée que par la lampe qui brûlait devant les saintes images. La comtesse, toute jaune, toute ratatinée, les lèvres pendantes, se balançait doucement à droite et à gauche.
b.

Adverbe	Déterminant
tout (ras), tout (blancs), toute (jaune), toute (ratatinée)	tous (les détails)

4 **1.** tout blancs → *tout* est invariable devant *blancs* car il est placé devant un adjectif au masculin.
2. toute ratatinée → *tout* s'accorde avec *ratatinée* car il est placé devant un adjectif au féminin commençant par une consonne.

EXPLICATION
Si l'adjectif au féminin commençait par une voyelle il n'y aurait pas accord.

5 **1.** poudrée (perruque)
2. gonflés (pieds)
3. tourmentée (la comtesse)
4. déshabillée (elle = la comtesse)
5. éclairée (la chambre)

EXPLICATION
- *Poudrée* et *gonflés* sont employés comme adjectifs et s'accordent avec le nom qu'ils qualifient.
- *Était tourmentée* et *fut éclairée* sont des verbes à la voix passive. *Déshabillée* est employé avec l'auxiliaire *être* (verbe pronominal). Tous les trois s'accordent avec le sujet.
- *Lamée* et *ratatinée* sont des adjectifs.

6 **DICTÉE NON PRÉPARÉE**

Les mots en violet sont en rapport avec la difficulté traitée dans la leçon.
Les mots soulignés seront épelés au cours de la dictée (nom propre, vocabulaire difficile).

Une évasion réussie

Edmond Dantès, victime d'un complot, est prisonnier au château d'If. Pour s'évader, il s'enferme dans un sac à la place du cadavre de son voisin de cellule. Le sac est jeté à la mer.

Dantès étourdi, presque suffoqué, eut cependant la présence d'esprit de retenir son haleine, et, comme sa main droite, ainsi que nous l'avons dit, préparé qu'il était à toutes les chances, tenait son couteau tout ouvert, il éventra rapidement le sac, sortit le bras, puis la tête ; mais alors, malgré ses mouvements pour soulever le boulet, il continua de se sentir entraîné ; alors il se cambra, cherchant la corde qui liait ses jambes, et, par un effort suprême, il la trancha précisément au moment où il suffoquait ; alors, donnant un vigoureux coup de pied, il remonta libre à la surface de la mer, tandis que le boulet entraînait dans les profondeurs inconnues le tissu grossier qui avait failli devenir son linceul.

Alexandre Dumas, *Le Comte de Monte-Cristo*, 1844-1846.

23 Identifier et écrire *même*

1 **1.**
moi- •
toi- •
nous- •
• même

2.
eux- •
lui- •
soi- •
• mêmes

2 **1.** Nous avons les mêmes goûts.
2. Mes amis ont eux-mêmes préparé cette fête pour mon anniversaire.
3. J'aimerais retrouver les mêmes amis que l'année dernière.
4. Nous avons nous-mêmes fait pousser ces fleurs, même ces roses et ces tulipes.
5. C'est étrange : tous les élèves ont donné les mêmes réponses.

EXPLICATION
Dans tous les cas, *même* s'accorde, sauf lorsqu'il est adverbe et signifie *aussi*.

3 **1.** Ce sont toujours les mêmes mots qui reviennent.
→ déterminant indéfini
2. Même son chien a peur de lui. → adverbe (son chien aussi a peur de lui)
3. J'ai beaucoup d'amis en vacances : je retrouve toujours les mêmes. → pronom (mis pour *amis*)
4. Il n'a plus les mêmes traits que lorsqu'il était petit.
→ déterminant indéfini
5. Même ses yeux ont changé de couleur. → adverbe (ses yeux aussi ont changé de couleur)

4 **a.** **Mon rêve familier**
Je fais souvent ce rêve étrange et pénétrant
D'une femme inconnue, et que j'aime, et qui m'aime
Et qui n'est, chaque fois, ni tout à fait la même
Ni tout à fait une autre, et m'aime et me comprend.

Après trois ans
Les roses comme avant palpitent ; comme avant,
Les grands lys orgueilleux se balancent au vent.
Chaque alouette qui va et vient m'est connue.
Même j'ai retrouvé debout la Velléda
Dont le plâtre s'écaille au bout de l'avenue,
– Grêle, parmi l'odeur fade du réséda.

b. 1. La même → il s'agit d'un pronom indéfini
2. même (j'ai retrouvé...) → *même* est adverbe (*aussi, de plus*)
c. C'est l'adverbe qui est invariable, comme tous les adverbes.

EXPLICATION
- *La même* est pronom et il peut être remplacé par *cette femme inconnue*.
- *Même* est adverbe, il marque une gradation : « J'ai *aussi retrouvé*... ».

5 Je fais souvent ce rêve étrange et pénétrant
De femmes inconnues, et que j'aime, et qui m'aiment
Et qui ne sont, chaque fois, ni tout à fait les mêmes
Ni tout à fait autres, et m'aiment et me comprennent.

6 Je l'aime même s'il ne *m'aime* pas.

EXPLICATION
Il faut être vigilant car la proximité des homophones peut créer une confusion due à l'inattention.

7 DICTÉE NON PRÉPARÉE

Les mots en violet sont en rapport avec la difficulté traitée dans la leçon.

Le mariage

Les invités arrivent pour les noces de Charles Bovary avec la jeune Emma Rouault.

Comme il n'y avait point assez de valets d'écurie pour dételer toutes les voitures, les messieurs retroussaient leurs manches et s'y mettaient eux-mêmes. Suivant leur position sociale différente, ils avaient des habits, des redingotes, des vestes.

Tout le monde était tondu à neuf, les oreilles s'écartaient des têtes, on était rasé de près ; quelques-uns même qui s'étaient levés dès avant l'aube, n'ayant pas vu clair à se faire la barbe, avaient des balafres en diagonale sous le nez, ou, le long des mâchoires, des pelures d'épiderme larges comme des écus de trois francs, et qu'avait enflammées le grand air pendant la route, ce qui marbrait un peu de plaques roses toutes ces grosses faces blanches épanouies.

D'après Gustave Flaubert, *Madame Bovary*, 1856.

24 Ajouter ou non un accent sur un *e*

1 **1.** une estafilade
2. un espoir
3. une extase
4. un esclave
5. une exclamation
6. espiègle
7. espérance

EXPLICATION
Lorsque le *e* est suivi d'un *x* ou d'un *s* + une consonne, il ne prend pas d'accent.

2 **a. 1.** la ciguë
2. une voix aiguë
3. une aigue-marine
4. la moelle
b. 1. un endroit exigu → une pièce exiguë
2. un propos ambigu → une parole ambiguë

EXPLICATION
- La ciguë est une plante très toxique, et par extension un poison extrait de cette plante.
Une aigue-marine est une pierre fine : le *u* ne se prononce pas.
- Le tréma permet de prononcer le *u*, ce qui n'est pas le cas dans *-gue* (bague).

3 **a.** fenêtre → l'accent circonflexe est la trace du **s** que l'on trouve dans le mot latin, *fenestra*.
b. 1. festival **2.** festivité **3.** festoyer

EXPLICATION
Certains mots de la même famille que *fenêtre* ont conservé le *s* : *défenestration* (chute d'une personne d'une fenêtre élevée), *se défenestrer*.

4 **a.** Sabre à la main, le Jedi ne recule devant aucun sacrifice pour défendre les innocents. Cela vous rappelle quelque chose ? Normal. L'humanité a connu son lot de guerriers protecteurs, armés d'une épée, tels les samouraïs au Japon. Apparus au XIIe siècle, ces soldats surentraînés se mettent au service de leur seigneur. Ils maîtrisent toutes les techniques du combat et sont toujours respectés par le peuple, comme les Jedi. Ce n'est donc pas un hasard si les héros de la saga portent des noms à consonance japonaise (Obi-Wan Kenobi...) et sont vêtus de kimonos, tunique traditionnelle du pays du Soleil-Levant. Dark Vador arbore même un heaume s'inspirant du kabuto, le casque des samouraïs.
b. 1. vestimentaire
2. veste, veston...

5

Accent circonflexe	Tréma
surentraînés, maîtrisent	samouraïs

6 **a.** je rappelle | il rappelle | vous rappelez
tu rappelles | nous rappelons | ils rappellent
b. je pèle | il pèle | vous pelez
tu pèles | nous pelons | ils pèlent
→ Différence : la consonne n'est pas doublée mais le *e* prend un accent grave.

EXPLICATION
- Tu peux aussi te rappeler que les verbes en *-eter* doublent le *t* devant un *e* muet. Cela rejoint notre leçon sur les accents : pas d'accent sur le *e* devant une consonne doublée.
- Le verbe *peler* fait partie des exceptions à la règle des verbes en *-eler*.

7 **DICTÉE NON PRÉPARÉE**

Les mots en violet sont en rapport avec la difficulté traitée dans la leçon.
Les mots soulignés seront épelés au cours de la dictée. (nom propre, vocabulaire difficile)

Le jardin impérial de Vienne

On touchait aux derniers jours de novembre : le jardin impérial de Vienne était désert, une bise aiguë faisait tourbillonner les feuilles couleur de safran et grillées par les premiers froids ; les rosiers des parterres, tourmentés et rompus par le vent, laissaient traîner leurs branchages dans la boue. Quoique dévasté par les approches de l'hiver, le Jardin impérial ne manquait pas d'un certain charme mélancolique. La longue allée prolongeait fort loin ses arcades rousses, laissant deviner confusément à son extrémité un horizon de collines déjà noyées dans les vapeurs bleuâtres et le brouillard du soir.

Théophile Gautier, *Deux Acteurs pour un rôle*, 1841.

25 Écrire les noms terminés par le son [e]

1 **1.** une qualité
2. une assiettée
3. une fournée
4. une platée
5. une immensité
6. une arrivée
7. un carré
8. la clé
9. un corrigé
10. une veillée
11. une araignée
12. l'obscurité

2 la méchanceté • la sincérité • la lucidité • ~~une butée~~. L'intrus est *butée* car il fait partie de la liste des exceptions.

EXPLICATION
Les autres exceptions sont : *dictée, jetée, pâtée, portée.*

3 **1.** la criée • une nuée • une bouée • une trouée
Les noms féminins terminés par le son [e] s'écrivent généralement *-ée*.
2. une brouettée • une charretée • une pelletée • une nuitée. Il s'agit de noms qui indiquent une contenance : ils se terminent par *-tée*.
3. la sévérité • la liberté • la passivité • la spontanéité. Les noms féminins terminés par *-té* ou *-tié* sont des exceptions et ne se terminent pas par un *e*.
4. un boucher • un évier • un cahier • un exilé • un rez-de-jardin. Ce sont des noms masculins. Leurs terminaisons sont variées.

4 **a.** Son dos était serré contre le poitrail du grand fauve. Son cou se trouvait à portée de la gueule entrouverte. Une de ses mains fourrageait dans la monstrueuse toison.
– King le bien nommé. King, le Roi. Telle fut ma première pensée.
Le lion releva la tête et gronda. Il m'avait vu. Une étrange torpeur amollissait mes réflexes. Mais sa queue balaya l'air immobile et vint claquer comme une lanière de fouet contre son flanc. Alors je cessai de trembler : la peur vulgaire, la peur misérable avait contracté chacun de mes muscles. J'aperçus enfin, et dans le temps d'une seule clarté intérieure, toute la vérité : Patricia était folle et m'avait donné sa folie. Je ne sais quelle grâce la protégeait peut-être, mais pour moi…
Le lion gronda plus haut, sa queue claqua plus fort. Une voix dépourvue de vibrations, de timbre, de tonalité m'ordonna :
– Pas de mouvement… Pas de crainte… Attendez.

Noms féminins terminés par le son [e] et obéissant à la règle	Exceptions
pensée, portée	clarté, vérité, tonalité

b. 1. monstrueuse → monstruosité
2. étrange → étrangeté
3. vulgaire → vulgarité
4. intérieure → intériorité

EXPLICATION
- La règle est que les noms féminins terminés par le son [e] s'écrivent généralement *-ée*.
- Observe bien les modifications qui apparaissent entre *monstrueux* et *monstruosité*, entre *vulgaire* et *vulgarité*.

5 a. Le sujet est *ma première pensée*. *Telle* est attribut du sujet et donc s'accorde avec le sujet, *ma première pensée* (féminin singulier). • **b. 1.** Telles furent mes premières pensées. • **2.** Tel fut mon premier souci.

EXPLICATION
Tu peux constater que le sujet est inversé.

6 DICTÉE NON PRÉPARÉE

Les mots en violet sont en rapport avec la difficulté traitée dans la leçon.
Les mots soulignés seront épelés au cours de la dictée (noms propres).

Un univers hostile

Étienne Lantier, un ouvrier sans emploi, voyage seul dans les régions minières du nord de la France : il espère y trouver du travail…

Dans la plaine rase, sous la nuit sans étoiles, d'une obscurité et d'une épaisseur d'encre, un homme suivait seul la grande route de Marchiennes à Montsou, dix kilomètres de pavé coupant tout droit, à travers les champs de betteraves. Devant lui, il ne voyait même pas le sol noir, et il n'avait la sensation de l'immense horizon plat que par les souffles du vent de mars, des rafales larges comme sur une mer, glacées d'avoir balayé des lieues de marais et de terres nues. Aucune ombre d'arbre ne tachait le ciel, le pavé se déroulait avec la rectitude d'une jetée, au milieu de l'embrun aveuglant des ténèbres.

Émile Zola, *Germinal*, 1885.

26 Orthographier différents préfixes

1

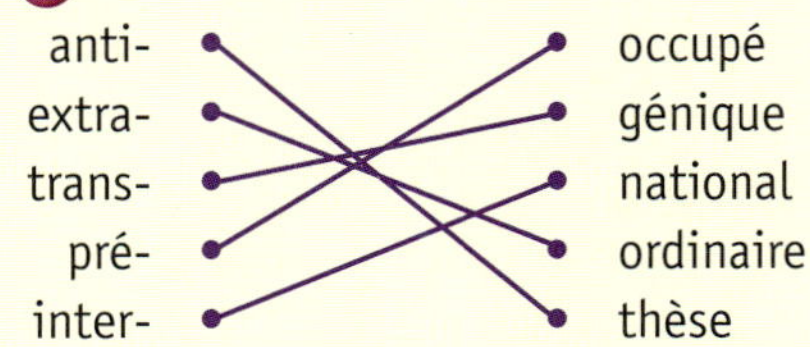

2 1. lisible → illisible
2. mobile → immobile
3. résolu → irrésolu
4. palpable → impalpable
5. réaliste → irréaliste
6. modeste → immodeste
7. mortel → immortel
8. possible → impossible

EXPLICATION
Il faut tenir compte de la première lettre du radical : devant un *p*, le préfixe *in-* devient *im-* ; devant un *l*, il devient *il-* ; devant un *r*, il devient *ir-*. Cela se traduit donc souvent par le doublement de la consonne.

3 1. incompatible
2. impair
3. imparfait
4. incommode
5. illégal
6. irréductible
7. illégitime
8. allouer
9. allié
10. irrégulier
11. allonger
12. affadir

4 a. – Il n'est pas facile à décrire. Il y a dans son extérieur quelque chose de faux ; quelque chose de désagréable, d'absolument odieux. Je n'ai jamais vu personne qui me fût aussi antipathique ; et cependant je sais à peine pourquoi. Il doit être contrefait de quelque part ; il donne tout à fait l'impression d'avoir une difformité ; mais je n'en saurais préciser le siège. Cet homme a un air extraordinaire, et malgré cela je ne peux réellement indiquer en lui quelque chose qui sorte de la normale. Non, monsieur, j'y renonce ; je suis incapable de le décrire. Et ce n'est pas faute de mémoire ; car, en vérité, je me le représente comme s'il était là.

b. 1. *dés-* **2.** *anti-* **3.** *contre-* **4.** *dif-* **5.** *extra-* **6.** *in-* **7.** *re-*

5 1. préciser : précis → contraire : imprécis
2. la normale : normal → contraire : anormal
3. réellement : réel → contraire : irréel

EXPLICATION
- Attention pour *imprécis* au *m* devant le *p*.
- Attention pour *irréel* au doublement du *r*.

6 a. 1. difformité
2. vérité
b. Ce sont des noms féminins mais ils ne se terminent pas par *-ée*. Il s'agit d'exceptions : les noms féminins terminés par *-té* ou *-tié*.
c. 1. La monstruosité et la cruauté de M. Hyde sont très inquiétantes.
2. La fausseté du personnage met le témoin dans l'incapacité de le décrire.
3. La dictée est extraite d'un roman de Stevenson.

7 **DICTÉE NON PRÉPARÉE**

Les mots en violet sont en rapport avec la difficulté traitée dans la leçon.
Les mots soulignés seront épelés au cours de la dictée (nom propre, vocabulaire difficile).

La lanterne magique

Marcel, le narrateur, revient sur un petit drame quotidien : le moment où il devait, seul, rejoindre sa chambre pour aller se coucher.

À Combray, tous les jours dès la fin de l'après-midi, longtemps avant le moment où il faudrait me mettre au lit et rester, sans dormir, loin de ma mère et de ma grand-mère, ma chambre à coucher redevenait le point fixe et douloureux de mes préoccupations. On avait bien inventé, pour me distraire les soirs où on me trouvait l'air trop malheureux, de me donner une lanterne magique dont, en attendant l'heure du dîner, on coiffait ma lampe ; elle substituait à l'opacité des murs d'impalpables irisations, de surnaturelles apparitions multicolores, où des légendes étaient dépeintes comme dans un vitrail vacillant et momentané.

D'après Marcel Proust, *Du côté de chez Swann*, 1913.

27 Écrire les adverbes en *-ment*

1 ~~lent~~ • prudent • violent • fréquent

EXPLICATION
L'adverbe correspondant à *lent* est *lentement*. Les autres adjectifs donnent lieu à des adverbes en *-emment* : *prudemment*, *violemment*, *fréquemment*.

2 1. brillamment 2. étonnamment 3. patiemment 4. abondamment 5. intelligemment 6. confusément 7. dûment 8. élégamment 9. savamment

3 1. fou → folle + ment = follement
2. mou → molle + ment = mollement
3. différent → differ + emment = différemment
4. obscur → obscur + ément = obscurément
5. assidu → assidû + ment = assidûment
6. gentil → genti + ment = gentiment
7. gai → gaie + ment = gaiement
ou gaî + ment = gaîment
8. actif → active + ment = activement

EXPLICATION
Les adverbes en *-ment* se forment généralement à partir du féminin de l'adjectif. C'est le cas d'*activement*, de *follement* et de *mollement*.
Quelques exceptions : *gentiment*, *gaîment*.

4 a. La cave était fort bien disposée pour un pareil dessein. Les murs étaient construits négligemment, et avaient été récemment enduits dans toute leur étendue d'un gros plâtre que l'humidité de l'atmosphère avait empêché de durcir. De plus, dans l'un des murs, il y avait une saillie causée par une fausse cheminée, ou espèce d'âtre, qui avait été comblée et maçonnée dans le même genre que le reste de la cave. Je ne doutais pas qu'il ne me fût facile de déplacer les briques à cet endroit, d'y introduire le corps, et de murer le tout de la même manière, de sorte qu'aucun œil n'y pût rien découvrir de suspect.
Et je ne fus pas déçu dans mon calcul. À l'aide d'une pince, je délogeai très aisément les briques, et, ayant soigneusement appliqué le corps contre le mur intérieur, je le soutins dans cette position jusqu'à ce que j'eusse rétabli, sans trop de peine, toute la maçonnerie dans son état primitif.

EXPLICATION
Les adverbes formés à partir d'adjectifs en *-ent* ou *-ant* s'écrivent *-emment* ou *-amment* : c'est le cas de *récemment* et *négligemment*.

b.

Adjectif à l'origine	Formation de l'adverbe	Adverbe
négligent	*néglig + emment*	*négligemment*
récent	réc + **e**mment	récemment
aisé	aisé + ment (adverbe formé à partir du masculin de l'adjectif)	aisément
soigneux	soigneuse + ment	soigneusement

5 **a.** Mode et temps : il s'agit de l'imparfait du subjonctif.
b. Je ne doute pas qu'il ne me soit facile de déplacer les briques à cet endroit, d'y introduire le corps et de murer le tout de la même manière, de sorte qu'aucun œil ne puisse rien découvrir de suspect.

EXPLICATION
- Le subjonctif est vu dans le chapitre 22. L'accent circonflexe permet de reconnaître le subjonctif imparfait à la 3e pers. du sing.
- En raison de la concordance des temps, les verbes passent au subjonctif présent.

6 **DICTÉE NON PRÉPARÉE**

Les mots en violet sont en rapport avec la difficulté traitée dans la leçon.
Le mot souligné sera épelé au cours de la dictée (nom propre).

Un hôte mystérieux

Vanina, une jeune aristocrate, découvre que l'une des chambres du château accueille un hôte bien mystérieux…

Vanina leva les yeux, et vit avec étonnement qu'une des fenêtres de l'appartement que son père avait fermée avec tant de soin était ouverte. Le lendemain Vanina parvint à se procurer la clef d'une petite porte qui ouvrait sur la terrasse garnie d'orangers.

Elle s'approcha à pas de loup de la fenêtre qui était encore ouverte. Au fond de la chambre il y avait un lit et quelqu'un dans ce lit. Elle aperçut une robe de femme jetée sur la chaise. En regardant mieux la personne qui était au lit, elle vit qu'elle était blonde, et apparemment fort jeune. Un jour elle vit l'inconnue plus distinctement : ses yeux bleus étaient fixés dans le ciel ; elle semblait prier.

D'après Stendhal, *Vanina Vanini*, 1829.

N'hésite pas à lire la suite de la nouvelle : tu découvriras que l'hôte mystérieux est en réalité un jeune homme déguisé en femme…

TEST (pages 4 et 5)

FORMER LE PLURIEL. ACCORDER

1. des cailloux – des clous – des cheveux – des pneus **2.** Faux - Vrai **3.** la vieille valise de cuir avec laquelle je voyage – les vieilles valises de cuir avec lesquelles je voyage **4.** Mes chaussettes framboise sont trouées. – Mes chaussures noir et blanc sont trop grandes. **5.** Elle a les yeux brillants. – Brillant à travers leurs larmes, ses yeux exprimaient une grande tristesse.

CONJUGUER, ACCORDER UN VERBE

6. a. il crie – il rit – il lit – il lie **b.** Aimes-tu la poésie ? – Ne pleure pas ! – Donne-moi la main. **7.** Vrai – Faux **8.** je mens – je veux – je mets – je prends – il coud – il résout **9.** Je vous enverrai un e-mail. – C'est toi qui commences : lance le dé. **10.** Elle a reçu une guitare. – Ces guitares, elle les a reçues pour Noël. **11.** Elle s'est douchée après le dîner. – Elle s'est lavé les mains. **12.** Tous les jours je me levais à sept heures. – Ce jour-là, je me levai à l'aube. **13.** Écoutez ! Les musiciens vont jouer. Ils ont accordé leurs instruments. **14.** il crie – il dit – il a fini – il a pris – il a dit – il a vécu – sa voix mue – elle a lu **15. a.** Je mourrai – nous crierons – nous courrons – j'essuierai **b.** je prendrais, tu prendrais, il prendrait, nous prendrions, vous prendriez, ils prendraient **16.** qu'il prît – qu'il sût – qu'il vînt – qu'il vît

ÉVITER LES CONFUSIONS

17. C'est dommage qu'il ait oublié – Tu es entré avant que je ne t'y aie invité. **18.** C'est l'heure de se lever ! – Ce matin, il s'est levé du mauvais pied. **19.** Il n'a pris ni le train ni la voiture : il s'y est rendu à vélo. C'est si écologique ! **20.** Quant à moi, je viendrai à pied. – Il ne s'en sortira pas indemne ! **21.** Quelle horreur ! – Qu'elle vienne immédiatement !

ORTHOGRAPHE D'USAGE

22. tout étourdie – tout étourdies. Règle : L'adverbe tout est invariable lorsqu'il précède un nom masculin ou féminin commençant par une voyelle. **23.** mêmes. – Même **24.** Noël – forêt – élève – pré – près – espérance – aiguë **25.** l'amitié – la jetée – la clé – une assiettée – la pitié – une dictée **26.** imparfait – irréductible – incompréhensible – illisible **27.** ardemment – élégamment – lentement

DICTÉE PRÉPARÉE

Le docteur Watson assiste une fois de plus Sherlock Holmes dans une enquête. Il s'agit cette fois d'une mort bien étrange. On parle de malédiction et d'un chien monstrueux. En promenade sur la lande, Watson rencontre un certain Stapleton qui lui fait l'honneur des lieux.

« Je vous présente le grand bourbier de Grimpen, me dit-il. Un faux pas, et c'est la mort pour un homme ou un animal. Hier encore j'ai vu l'un des poneys de la lande errer par là ; il n'en est jamais sorti. J'ai vu sa tête qui longtemps a émergé au-dessus d'un trou de vase, mais le marais l'a finalement aspiré. Tenez, voilà un autre de ces malheureux poneys ! »
Quelque chose de brun se balançait en déséquilibre parmi les joncs verts. Puis un long cou qui se tordait dans l'agonie sauta en l'air et un hurlement effroyable retentit à travers la lande. Je frémis d'horreur, mais les nerfs de mon compagnon me parurent plus solides que les miens.
« Fini ! me dit-il. Le bourbier l'a englouti ! »

D'après Sir Arthur Conan Doyle, *Le Chien des Baskerville* (1901-1902), trad. B. Tourville, © Robert Laffont.

3 **Surligne les verbes qui se terminent par le son [i] ou [y].**

SCORE ..../ 9

COUP DE POUCE
Tu dois surligner quatre verbes au passé simple et cinq participes passés.

4 **Classe ces verbes dans le tableau.**

Passé simple	Participes passés
....	....
....	....
....	....
	....

SCORE ..../ 9

5 **À quelle règle fait appel la conjugaison des verbes en *-cer* (voir le verbe encadré) ?**

....

SCORE ..../ 1

COUP DE POUCE
As-tu repéré la cédille sous le c ? Énonce bien la règle.

6 **Lettre finale muette**

a. Observe la dernière lettre muette des noms en couleur, puis cherche dans le dictionnaire au moins un mot de la même famille que chacun de ces noms.
Ex. : *port* → *portuaire* ; *porc* → *porcin*

• jonc : .... • nerf : ....

b. Relève trois adjectifs dont la lettre finale est muette puis donne leur féminin.

1. .... → féminin : ....
2. .... → féminin : ....
3. .... → féminin : ....

SCORE ..../ 8

ATTENTION
Pour *nerf*, c'est un peu plus compliqué : le f se change en v comme pour vif : *vif, vive, vivacité.*

7 **DICTÉE NON PRÉPARÉE** Et maintenant, fais-toi dicter le texte figurant dans le livret, p. 15.

Corrigés p. 15

TOTAL ..../ 51

15 Écrire un verbe au futur simple ou au présent du conditionnel

- Le futur simple et le conditionnel présent présentent des similitudes, source de confusions.
  • Pour former le **futur**, on prend généralement l'infinitif auquel on ajoute les terminaisons *-ai*, *-as*, *-a*, *-ons*, *-ez*, *-ont* : *je crier + -ai = je crier**ai*** (cela permet de ne pas oublier le *e*).
  • On procède de même pour le **conditionnel**, mais les terminaisons sont celles de l'imparfait (*-ais*, *-ais*, *-ait*, *-ions*, *-iez*, *-aient*) : *je crier + -ais = je crier**ais***.
- **Attention** de ne pas confondre le **futur** et le **conditionnel** à la **1re personne du singulier** : *je chanter**ai**, je chanter**ais***.
  Pour éviter la confusion, il suffit de remplacer la 1re personne par la 3e personne :
  *j'aimer**ais** venir* [*il aimer**ait** venir*] → *conditionnel*
  *je pense que je viendr**ai*** [*qu'il viendr**a***] → *futur*
- Certains verbes présentent des **modifications de radical** au futur et au conditionnel.
  Les verbes en *-uyer* et *-oyer* remplacent le *y* en *i* devant un *e* muet : *j'essuierai(s)*.
  Attention aux verbes qui doublent le *r* : *je mou**rr**ai(s), je cou**rr**ai(s), je ve**rr**ai(s), je pou**rr**ai(s)*.

★ 1 Ajoute la lettre qui manque au futur.

1. ils mou ...... ront (mourir)
2. vous ni ...... rez (nier)
3. ils se no ...... eront (se noyer)
4. nous sci ...... rons (scier)

SCORE ..../ 4

ATTENTION
Pour les verbes du premier groupe, n'oublie pas le *e*.
Pars de l'infinitif : *crier + ai = crierai*.

★★ 2 Conjugue les verbes suivants à la 3e personne du singulier du conditionnel présent.

1. envoyer → ....
2. devoir → ....
3. crier → ....
4. savoir → ....
5. courir → ....
6. nettoyer → ....

SCORE ..../ 6

★★ 3 Complète les phrases au futur ou au conditionnel.

Ex. : *J'ai toujours dit que je serais à ton anniversaire.*
Il a toujours dit qu'il serait à ton anniversaire. → conditionnel

1. Je t'assure que je ser ...... prêt à l'heure.
Je t'assure qu'il ser ...... prêt à l'heure. → ....
2. J'ai cru que je n'y arriver ...... jamais.
Il a cru qu'il n'y arriver ...... jamais. → ....
3. Je promets que je n'oublier ...... pas d'appeler pour réserver les places.
Il promet qu'il n'oublier ...... pas d'appeler pour réserver les places. → ....

SCORE ..../ 9

COUP DE POUCE
En remplaçant la 1re personne par la 3e, tu évites les confusions entre le futur et le conditionnel.

DICTÉE PRÉPARÉE

– Aujourd'hui, Prascovia Ossipovna, je ne prendrai pas de café, dit Ivan Iakovlévitch ; je mangerai plutôt du pain chaud et de l'oignon (Ivan Iakovlévitch se serait volontiers régalé de café et de pain frais, mais il savait qu'il était inutile de demander deux choses à la fois : Prascovia Ossipovna n'admettait pas ces fantaisies).
« Il n'a qu'à manger du pain, l'imbécile ! songea la dame ; tant mieux pour moi : il me restera plus de café. »
Soucieux des convenances, Ivan Iakovlévitch enfila son habit par-dessus sa chemise et s'étant installé à table, il éplucha deux oignons, les saupoudra de sel, prit en main son couteau et, la mine solennelle, se mit en devoir de couper le pain. L'ayant partagé en deux, il aperçut à son grand étonnement une masse blanchâtre dans la mie ; il piqua la chose avec précaution du bout de son couteau, puis la tâta du doigt : « C'est dur, se dit-il ; qu'est-ce que cela pourrait bien être ? »
Il plongea ses doigts dans la mie et en retira... un nez !

Nicolas Gogol, *Le Nez* (1843), trad. B. de Schloezer, © Flammarion.

4 **Surligne les trois verbes au futur et souligne les deux verbes au conditionnel.**

SCORE .... / 5

5 **Futur ou conditionnel ?**

a. Réécris la phrase suivante en remplaçant la 1re personne par la 3e personne.
je ne prendrai pas de café [...] *; je mangerai plutôt du pain chaud et de l'oignon.*

→ Il ne ....

....

b. Quel est l'intérêt de cette transposition ?

Il s'agit d'éviter la confusion entre le .... et le ....

SCORE .... / 4

6 **Quelques points de conjugaison**

a. Encadre les verbes au passé simple.

b. Quels sont les deux verbes qui pourraient être confondus avec des verbes au futur ?

- ....
- ....

c. Quels sont les deux verbes qui présentent des particularités de conjugaison ?

- ....
- ....

SCORE .... / 16

ATTENTION
Ne confonds pas *saupoudra* (passé simple) avec *saupoudrera* (futur).

INFO
Il s'agit de deux verbes en *-ger* : il ne faut pas oublier le *e* après le *g* devant un *a*.

7 **DICTÉE NON PRÉPARÉE** Et maintenant, fais-toi dicter le texte figurant dans le livret, p. 16.

Corrigés p. 16

TOTAL .... / 44

16 Écrire un verbe au présent et à l'imparfait du subjonctif

- Un verbe au subjonctif est généralement précédé de ***que***.

	Subjonctif présent	Subjonctif imparfait
1er groupe	-e, -es, -e, -ions, -iez, -ent *qu'il aim**e***	-ât, -assent *qu'il chant**ât***
2e groupe	-e, -es, -e, -ions, -iez, -ent *qu'il finiss**e***	-ît, -issent *qu'il fin**ît***
3e groupe	-e, -es, -e, -ions, -iez, -ent *qu'il part**e***	-ît, -issent *qu'il part**ît*** -ût, -ussent *qu'il l**ût*** -înt, -inssent *qu'il v**înt***

Le radical du subjonctif présent est le même que celui de la 3e personne du pluriel de l'indicatif présent : *ils **vienn**ent* → *que je **vienn**e* ; *ils **prenn**ent* → *que je **prenn**e*.
Attention à ces neuf verbes irréguliers :
avoir (qu'il ait), être (qu'il soit), aller (qu'il aille), faire (qu'il fasse), falloir (qu'il faille), pouvoir (qu'il puisse), savoir (qu'il sache), valoir (qu'il vaille), vouloir (qu'il veuille).

- Pour éviter les **confusions** entre le **subjonctif présent** et l'**indicatif présent**, il faut remplacer par un autre verbe qui change de radical au subjonctif.

  Il faut que je le voie [veuille]. → *Je crois que je le vois* [veux].

- On trouve toujours le subjonctif **après certaines conjonctions de subordination** : *afin que, bien que, quoique, avant que*... On ne doit pas employer le subjonctif après *après que*.

★ 1 Indicatif présent ou subjonctif présent ?

1. J'ai peur qu'il me .... (voir). **2.** Je suis sûr qu'il me .... (voir).
3. Il .... (courir) très vite. **4.** Il faut qu'il .... (courir) très vite.

SCORE ..../ 4

COUP DE POUCE
Tu peux remplacer les verbes voir et courir par le verbe *savoir* : *J'ai peur qu'il sache* (subjonctif) *Je suis sûr qu'il sait* (indicatif).

★★ 2 Complète chaque radical avec les terminaisons du subjonctif imparfait *-ât, -ît, -înt, -ût*.

1. qu'il aim ......
2. qu'il pr ......
3. qu'il fin ......
4. qu'il d ...... ; qu'il d ......
5. qu'il v ...... ; qu'il v ......

SCORE ..../ 7

★★ 3 Relie les conjonctions de subordination à la bonne forme verbale.

bien que •	• la nuit est tombée
avant que •	• la nuit soit tombée
après que •	

SCORE ..../ 3

ATTENTION
Avant que est suivi du subjonctif, *après que* est suivi de l'indicatif.

DICTÉE PRÉPARÉE

Le Pont Mirabeau

Sous le pont Mirabeau coule la Seine
Et nos amours
Faut-il qu'il m'en souvienne
La joie venait toujours après la peine

Vienne la nuit sonne l'heure
Les jours s'en vont je demeure

Les mains dans les mains restons face à face
Tandis que sous
Le pont de nos bras passe
Des éternels regards l'onde si lasse

Guillaume Apollinaire, *Alcools* (1913).

4 **Dans le poème, surligne les verbes au subjonctif.**

SCORE .... / 3

5 **Indicatif ou subjonctif présent**

a. Dans ces vers, le verbe est-il au présent de l'indicatif ou du subjonctif ?
Ni temps passé / Ni les amours reviennent

→ Le verbe *reviennent* est au ....

b. *Souvienne, vienne, reviennent* : quel point commun peut-on trouver entre l'indicatif présent et le subjonctif présent ?

....

....

SCORE .... / 2

INFO
Relis bien la leçon, p. 36 : tu y trouveras la réponse.

6 **L'accord du verbe**

a. Souligne dans les vers suivants le sujet des verbes.

Sous le pont Mirabeau coule la Seine / Vienne la nuit sonne l'heure /

Tandis que sous / Le pont de nos bras passe /

Des éternels regards l'onde si lasse

SCORE .... / 4

COUP DE POUCE
Les sujets sont à chaque fois inversés.

b. Accorde les verbes en tenant compte des modifications apportées.

Vienne ...... les nuits sonne ...... les heures / Tandis que sous /

Le pont de nos bras passe ...... / Des éternels regards les ondes si lasses

SCORE .... / 3

7 **DICTÉE NON PRÉPARÉE** Et maintenant, fais-toi dicter le texte figurant dans le livret, p. 17.

Corrigés p. 17

TOTAL .... / 26

ÉVITER LES CONFUSIONS

17 Distinguer *es, est, ai, aie* et *ait*

- Ces homophones verbaux sont source de nombreuses erreurs. Voici quelques astuces pour éviter les confusions.

	Forme	Exemple	Astuce : modifier la personne
es	verbe *être*, 2e pers. sing. du présent de l'indicatif	*Tu es en retard.*	*Je suis en retard.*
est	verbe *être*, 3e pers. sing. du présent de l'indicatif	*Il est courageux.*	*Je suis courageux.*
ai	verbe *avoir*, 1re pers. sing. du présent de l'indicatif	*J'ai un ami anglais.*	*Il a un ami anglais.*
aie	verbe *avoir*, 1re pers. sing. du subjonctif présent verbe *avoir*, 2e pers. sing. de l'impératif présent	*Bien que j'aie peur du vide, je saute en parachute.* *N'aie pas d'inquiétude.*	*Bien que nous ayons...* *N'ayez pas d'inquiétude.*
ait	verbe *avoir*, 3e pers. sing. du subjonctif présent	*Bien qu'il ait peur du vide, il saute en parachute.*	*Bien que nous ayons...*

★ 1 **Complète la phrase avec *est, es* ou *aies*.**

C' ...... toi qui sais ce qui ...... le mieux pour que tu ...... le plus de chance de réussir. Tu ...... le plus à même de choisir.

SCORE ..../ 4

★★ 2 **Complète le tableau selon l'exemple.**

	Transformation	Forme
Ex. : *Je n'ai rien vu.*	*Il n'a rien vu*	verbe *avoir*, 1re pers. sing. du présent de l'indicatif
1. N' ...... pas peur.	....	....
2. Le temps sera écoulé avant qu'il ...... terminé son exercice.	....	....
3. Quoique j' ...... beaucoup d'amitié pour lui, je ne peux tout accepter.	....	....
4. Tu ...... dur avec ta sœur.	....	....

SCORE ..../ 12

COUP DE POUCE
Reporte-toi au tableau de la leçon pour savoir comment faire.

INFO
Avant que et *quoique* sont suivis du subjonctif.

DICTÉE PRÉPARÉE

Scapin cherche à soutirer cinq cents écus à Géronte en lui faisant croire que son fils a été enlevé par une galère turque et que ses ravisseurs réclament une rançon. Géronte, avare au dernier point, cherche toutes sortes d'échappatoires.

GÉRONTE. – Il faut, Scapin, il faut que tu fasses ici l'action d'un serviteur fidèle.
SCAPIN. – Quoi, Monsieur ?
GÉRONTE. – Que tu ailles dire à ce Turc qu'il me renvoie mon fils, et que tu te mettes à sa place jusqu'à ce que j'aie amassé la somme qu'il demande.
SCAPIN. – Eh ! Monsieur, songez-vous à ce que vous dites ? Et vous figurez-vous que ce Turc ait si peu de sens que d'aller recevoir un misérable comme moi à la place de votre fils ?
GÉRONTE. – Que diable allait-il faire dans cette galère ?
SCAPIN. – Il ne devinait pas ce malheur. Songez, Monsieur, qu'il ne m'a donné que deux heures.
GÉRONTE. – Tu dis qu'il demande...
SCAPIN. – Cinq cents écus.
GÉRONTE. – Sait-il bien ce que c'est que cinq cents écus ?
SCAPIN. – Oui, Monsieur, il sait que c'est mille cinq cents livres.

D'après Molière, *Les Fourberies de Scapin* (1671), acte II, scène 7.

3 Identifier les homophones de la leçon

a. Surligne dans la dictée le verbe *avoir* au subjonctif présent (1re et 3e pers. du sing.) et le verbe *être* au présent de l'indicatif (3e pers. du sing.).

b. Classe-les ensuite dans le tableau.

Avoir au subj. présent, 1re pers. sing.	*Avoir* au subj. présent, 3e pers. sing.	*Être* au présent de l'indicatif, 3e pers. sing.
....	....	....

SCORE .... / 4

4 Identifier et écrire d'autres homophones

a. Souligne deux autres homophones dans les deux dernières répliques.

b. Complète les phrases suivantes avec ces deux homophones et un troisième.

1. .... Scapin qui se charge de soutirer à Géronte les cinq cents écus.
2. Géronte ....-il que Scapin se joue de lui ?
3. Léandre, le fils de Géronte, ...-il réellement fait enlever par la galère turque ?

SCORE .... / 6

ATTENTION
Ces homophones peuvent entraîner des fautes d'inattention.

COUP DE POUCE
Tu dois employer les homophones : *s'est – c'est – sait.*

5 DICTÉE NON PRÉPARÉE Et maintenant, fais-toi dicter le texte figurant dans le livret, p. 18.

Corrigés p. 17-18

Plus d'exercices sur www.hatier-entrainement.com

TOTAL .... / 26

ÉVITER LES CONFUSIONS

18 Distinguer ce et se, c'est et s'est

- Les homophones suivants sont source de nombreuses confusions orthographiques.

	Classe grammaticale	Exemple	Comment éviter les confusions
ce	pronom démonstratif	***Ce*** *n'est pas à moi.*	Remplace *ce* par ***cela***. *Cela n'est pas à moi.*
	déterminant démonstratif	***Ce*** *matin est ensoleillé.*	Remplace *ce* par ***cette***. *Cette matinée est ensoleillée.*
se	pronom personnel réfléchi	*Il* ***se*** *lave.*	Remplace *se* par ***me*** (*Je me lave*) ou par ***nous*** (*Nous nous lavons*)
c'est	pronom démonstratif élidé + verbe *être*	***C'est*** *bien dommage.*	Remplace *c'est* par ***cela est***. *Cela est bien dommage.*
s'est	pronom personnel élidé + verbe *être*	*Il* ***s'est*** *blessé en tombant de vélo.*	Remplace *s'est* par ***me suis***. *Je me suis blessé en tombant de vélo.*

★ 1 Complète les phrases suivantes.

1. ………… sur son ordinateur qu'il travaille. **2.** Mon ami ………… fâché avec ses parents. Heureusement, il ………… réconcilié avec eux. **3.** ………… garçon n'a peur de rien. Il ………… jeté dans le vide au bout d'un élastique et ………… cassé le pied. **4.** Le chien ………… précipité pour défendre son maître. **5.** Le chien ………… précipite pour défendre son maître. **6.** ………… n'est rien ! **7.** ………… très grave ! **8.** ………… notes ………… sont légèrement améliorées ………… trimestre. ………… déjà ça mais je ne ………… pas si cela suffira.

SCORE ……… / 15

COUP DE POUCE
Dans les phrases n° 8, d'autres cas d'homophonies se sont glissés ! Sauras-tu les retrouver ?

★★ 2 Complète le tableau suivant.

	Transformation pour vérification
Ex. : *C'est trop fort.*	*Cela est trop fort.*
1. Il ………… trompé de route et ………… égaré en pleine campagne.	…………………………………… ……………………………………
2. Il ………… contredit sans cesse.	……………………………………
3. ………… n'est pas mon tour.	……………………………………
4. Cette fille ………… prend pour une star.	……………………………………
5. Ils ………… connaissent à peine et ne ………… quittent plus.	…………………………………… ……………………………………

SCORE ……… / 14

ATTENTION
N'hésite pas à effectuer des transformations pour vérifier ta réponse : c'est le meilleur moyen d'éviter les erreurs ! Cela doit devenir un réflexe.

DICTÉE PRÉPARÉE

Il pleut, les enfants de la classe du Petit Nicolas ne peuvent sortir pendant la récréation.

Alors, on a tous commencé à parler à la fois, et ça faisait un drôle de bruit ; il fallait crier fort pour se faire écouter et la maîtresse a fait un soupir, elle s'est levée et elle est sortie dans le couloir, en laissant la porte ouverte, et elle s'est mise à parler avec les autres maîtresses, qui ne sont pas aussi chouettes que la nôtre, et c'est pour ça qu'on essaie de ne pas trop la faire enrager.

– Allez, a dit Eudes. On joue à la balle au chasseur ?

– T'es pas un peu fou ? a dit Rufus. Ça va faire des histoires avec la maîtresse, et puis c'est sûr on va casser une vitre !

– Ben, a dit Joachim, on n'a qu'à ouvrir les fenêtres !

Jean-Jacques Sempé, René Goscinny, *Le Petit Nicolas et les copains*, © Denoël, 1963, 2004.

3 Les homophones de la leçon

a. Surligne dans la dictée les homophones vus dans la leçon, p. 40.

b. Classe-les dans le tableau ci-dessous.

Pronom personnel réfléchi	Pronoms personnels élidés + auxiliaire *être*	Pronoms démonstratifs élidés + auxiliaire *être*
....	....	....
....	....	....

SCORE ..../ 5

INFO
Il y en a cinq :
• un pronom personnel,
• deux pronoms personnels élidés + auxiliaire *être*,
• deux pronoms démonstratifs élidés + verbe *être*.

4 Une particularité d'un verbe du 1er groupe

a. Retrouve dans la dictée un verbe en *-er* qui présente une particularité de conjugaison au présent de l'indicatif.

Verbe : ....

b. Comment aurait-on pu aussi écrire ce verbe ? ....

c. Énonce la règle : ....

....

SCORE ..../ 3

COUP DE POUCE
Reporte-toi au chapitre 7, p. 18.

5 Effectue les modifications sur le modèle suivant :

notre maîtresse → la nôtre,
nos maîtresses → les nôtres

1. votre maîtresse → ....,

vos maîtresses → ....

2. leur maîtresse → ....,

leurs maîtresses → ....

SCORE ..../ 4

ATTENTION
Tu noteras la présence de l'accent circonflexe pour les deux premières personnes du pluriel.

6 DICTÉE NON PRÉPARÉE

Et maintenant, fais-toi dicter le texte figurant dans le livret, p. 19.

Corrigés p. 18-19

Plus d'exercices sur www.hatier-entrainement.com

TOTAL ..../ 41

19 Distinguer *ni* et *n'y*, *si* et *s'y*

Les homophones *ni*, *n'y* et *si*, *s'y* sont source de confusions fréquentes.

▸ ***Si* et *s'y***

- ***Si*** est un adverbe ou une conjonction de subordination.

  Si *tu continues, tu vas t'attirer des ennuis. Il est* ***si*** *gentil.*
  conjonction de subordination — adverbe

- ***S'y*** est composé de deux éléments : le pronom réfléchi élidé *s'* et le pronom *y*.

  Il vit à Paris depuis son enfance et ***s'y*** *plaît beaucoup.*
  [= se plaît à Paris]

▸ ***Ni* et *n'y***

- ***Ni*** est une conjonction de coordination (*mais*, *ou*, *et*, *donc*, *or*, *ni*, *car*).

  Il n'aime ***ni*** *le théâtre* ***ni*** *le cinéma.*

- ***N'y*** est composé de deux éléments : la première partie de la négation *ne* élidée et le pronom *y*.

  Mes amis ont détesté cet endroit ; ils ***n'y*** *reviendront pas.*
  [= ne reviendront pas dans cet endroit]

▸ **Pour éviter les confusions :**

– remplace ***s'y*** par ***m'y*** : *Il* ***s'y*** *entraîne.* → *Je* ***m'y*** *entraîne.*
– remplace ***n'y*** par ***ne... à cela/à cet endroit*** : *Il* ***n'y*** *croit pas.* → *Il* ***ne*** *croit pas* ***à cela****.*

★ 1 Décompose *n'y* et *s'y* selon l'exemple.

Ex. : *Je n'aime pas la piscine. Je n'y vais jamais* → *Je ne vais jamais à la piscine.*

1. Mon ami ne connaît pas Londres. Il n'y est jamais allé.

→ ....

2. Il a une cabane dans l'arbre du jardin. Il s'y réfugie quand il veut être seul.

→ ....

3. Mon frère aime la politique. Il s'y intéresse beaucoup.

→ ....

SCORE .... / 3

COUP DE POUCE
Décomposer permet d'éviter de confondre *n'y* et *s'y* avec *ni* et *si*.

★★ 2 Complète ces phrases avec *ni*, *n'y*, *si* ou *s'y*.

1. ...... va pas, c'est peut-être dangereux. **2.** ...... mon frère ...... ma sœur ne connaissent ma cachette secrète. **3.** Pierre ne veut pas aller dans son nouveau collège : il ...... connaît personne. **4.** ...... tu recommences, tu réussiras peut-être. **5.** Je me demande ...... tu as compris mon message. **6.** Ce jeu est ...... intéressant que j'y passe des heures. **7.** Mon ami est parti à Londres. Il ...... est rendu en train.

SCORE .... / 8

COUP DE POUCE
Ni est employé deux fois.

DICTÉE PRÉPARÉE

« À Bacharach il y avait une sorcière blonde / Qui laissait mourir d'amour tous les hommes à la ronde ». L'évêque charge trois chevaliers de l'emmener « au couvent des vierges et des veuves ».

La Loreley

Chevaliers laissez-moi monter sur ce rocher si haut
Pour voir une fois encore mon beau château
Pour me mirer une fois encore dans le fleuve
Puis j'irai au couvent des vierges et des veuves
Là-haut le vent tordait ses cheveux déroulés
Les chevaliers criaient Loreley Loreley
Tout là-bas sur le Rhin s'en vient une nacelle
Et mon amant s'y tient il m'a vue il m'appelle
Mon cœur devient si doux c'est mon amant qui vient
Elle se penche alors et tombe dans le Rhin
Pour avoir vu dans l'eau la belle Loreley
Ses yeux couleur du Rhin ses cheveux de soleil

Guillaume Apollinaire, *Alcools* (1913).

ATTENTION Dans un poème, l'absence de ponctuation et une syntaxe plus libre obligent le lecteur à être plus vigilant.

3 **Dans la dictée, surligne les emplois de *si* et souligne l'emploi de *s'y*.**

SCORE ..../ 3

4 **Les homophones *s'y* et *si***

a. Observe les vers soulignés : que remplace *y* ? ....

b. *Mon cœur devient si doux* : par quel adverbe peut-on remplacer *si* ? ....

SCORE ..../ 3

COUP DE POUCE *Et mon amant se tient dans...* Retrouve le mot qui manque.

5 **Remplace les pointillés par *ni*, *n'y*, *si* ou *s'y*.**

...... l'évêque ...... les chevaliers n'échappent au pouvoir des yeux de Loreley. Elle ...... échappe pas elle-même. Elle tombe dans le Rhin pour avoir vu ses yeux ...... beaux ...... refléter et elle ...... noie.

SCORE ..../ 6

6 **L'accord du participe passé**

a. Relève le participe passé du poème employé comme adjectif et explique son accord.

Accord : ....

b. Relève les participes passés du poème employés avec l'auxiliaire *avoir* et explique leur accord.

1. .... **2.** ....

Accord 1 : ....

Accord 2 : ....

SCORE ..../ 6

INFO Retrouve les règles d'accord du participe passé dans la leçon du chapitre 10, p. 24.

7 **DICTÉE NON PRÉPARÉE** Et maintenant, fais-toi dicter le texte figurant dans le livret, p. 20.

Corrigés p. 19-20

TOTAL ..../ 29

20 Distinguer *quand*, *quant* et *qu'en*, *sans* et *s'en*

- Les homophones *quand*, *quant*, *qu'en* et *sans*, *s'en* sont source de confusions fréquentes.

	Classe grammaticale	Exemple
quand	– conjonction de subordination – adverbe interrogatif	*Je me demande **quand** il va venir.* ***Quand** viendra-t-il ?*
quant	est suivi de la préposition *à* [en ce qui concerne...]	***quant** à moi, **quant** à lui* [en ce qui me concerne, en ce qui le concerne]
qu'en	pronom interrogatif *que* élidé + pronom *en*	***Qu'en** penses-tu ?* [Que penses-tu de cela ?]
sans	préposition	***sans** mentir, **sans** hésitation*
s'en	pronom réfléchi *se* élidé + pronom *en*	*Il **s'en** moque.* [Il se moque de cela.]

★ 1 Relie les différents homophones à la suite qui convient.

Quand •　　　　• à mon équipe, elle est arrivée bonne dernière.

Qu'en •　　　　• la neige tombera-t-elle ?

Quant •　　　　• penser ? Je me le demande bien.

SCORE ..../ 3

COUP DE POUCE
La présence de la préposition *à* doit te servir d'indice.

★★ 2 Complète avec *sans* ou *s'en*.

1. .... faire de bruit, il .... est allé. **2.** Il n'a aucune chance de .... sortir .... encombre .... entraînement. **3.** .... tambour ni trompette, le champion a annoncé qu'il mettait fin à sa carrière. **4.** Pierre n'a pas de nouvelles de son frère ; il .... inquiète beaucoup. **5.** Cela fait .... fois que je te le répète !

SCORE ..../ 8

ATTENTION
Un autre homophone s'est glissé dans l'exercice : sauras-tu le retrouver ?

★★ 3 Que remplace *en* dans les phrases suivantes ?

1. Je l'ai prévenu de toutes les difficultés qui l'attendent, mais il ne s'en préoccupe guère.

→ mais il ne se préoccupe guère de ....

2. J'ai passé du temps sur ce devoir et j'ai hâte de savoir ce qu'en pense le professeur.

→ j'ai hâte de savoir ce que pense le professeur de ....

3. Mes camarades mettent en doute mes capacités de gardien de but. Qu'en savent-ils ?

→ Que savent-ils de ....

SCORE ..../ 3

DICTÉE PRÉPARÉE

Le Corbeau et le Renard

Maître Corbeau, sur un arbre perché,
Tenait en son bec un fromage,
Maître Renard, par l'odeur alléché,
Lui tint à peu près ce langage :
« Hé bonjour, Monsieur du Corbeau,
Que vous êtes joli ! que vous me semblez beau !
Sans mentir, si votre ramage
Se rapporte à votre plumage,
Vous êtes le Phénix des hôtes de ces bois. »
À ces mots, le Corbeau ne se sent pas de joie ;
Et pour montrer sa belle voix,
Il ouvre un large bec, laisse tomber sa proie.
Le Renard s'en saisit et dit : « Mon bon Monsieur,
Apprenez que tout flatteur
Vit aux dépens de celui qui l'écoute.
Cette leçon vaut bien un fromage sans doute. »

Jean de La Fontaine, *Fables* (1668).

4 **Surligne les homophones *sans* et *s'en*, et souligne un autre homophone.**

> **COUP DE POUCE** L'autre homophone est un verbe.

SCORE .... / 4

5 **Dans la proposition en couleur, que remplace le pronom *en* ?**

En remplace ....

SCORE .... / 1

6 **Complète les phrases avec *quand*, *qu'en*, *quant*, *sans* ou *s'en*.**

.... le corbeau ouvre le bec, il laisse tomber le fromage. .... au renard, il .... saisit .... tarder. .... pense La Fontaine ? Qui, du flatteur ou du vaniteux, prend-il pour cible ?

> **INFO** *Quant* est toujours employé avec la préposition *à*. Lorsque cette préposition se trouve devant l'article *le*, on obtient l'article contracté *au*.

SCORE .... / 5

7 **Classe les verbes de la dictée terminés par le son [e] dans le tableau.**

Infinitif	Participe passé	Impératif	2e pers. plur. de l'ind. présent
....	....	....	....
....	....		

SCORE .... / 6

8 **DICTÉE NON PRÉPARÉE** Et maintenant, fais-toi dicter le texte figurant dans le livret, p. 21.

Corrigés p. 20-21

TOTAL .... / 30

ÉVITER LES CONFUSIONS

21 Distinguer quel(s), quelle(s) et qu'elle(s)

- Il faut savoir distinguer le déterminant *quel/quelle* de *qu'elle* (= *que* + *elle*).

	Classe grammaticale	Exemple
quel *quels* *quelle* *quelles*	déterminant interrogatif ou exclamatif	***Quel*** *est ce bruit ?* ***Quelle*** *heure est-il ?* ***Quelle*** *belle fleur !* ***Quel*** *dommage qu'il soit parti !*
qu'elle *qu'elles*	*qu'elle* = combinaison de ***que*** + ***elle*** – ***que*** peut être pronom relatif, conjonction de subordination, ou élément d'une locution conjonctive – ***elle*** est un pronom personnel sujet	*le livre* ***qu'elle*** *a lu* *Il a plu de sorte* ***qu'elle*** *n'a pu sortir.*

- **Attention !** Le déterminant *quel* s'accorde avec le nom qu'il détermine.

  Quelle *chance !* ***Quel*** *désastre !*

- Il ne faut pas confondre *quel que* + subjonctif avec le déterminant indéfini *quelque*.

  Quel que *soit le temps, nous partirons.* ***Quelle que*** *soit sa décision, nous l'accepterons.*
  quelques [plusieurs] heures après ***quelque*** [un quelconque] passant

1 Accorde correctement dans les phrases suivantes.

1. Quel ...... drôle d'idée ! 2. Quel ...... drôles de garçons ! 3. Quel ...... drôle de garçon !
4. Quel ...... livres veux-tu que je te prête ? 5. Quel ...... sont tes fleurs préférées ?
6. Quel ...... que soit la météo, nous irons skier la semaine prochaine. 7. Quel ...... que soit le temps, mes cousins camperont.

SCORE ..../ 7

COUP DE POUCE
Accorde tout simplement avec le nom ou le groupe nominal.

2 **a. Complète avec *quelle, quelle que, quel* ou *qu'elle*.**

1. .... bonne surprise ! Nous ne pensions pas .... viendrait.
2. .... soit sa place dans la course, nous l'applaudirons chaleureusement.
3. .... étrange personnage !
4. Le film .... a vu ne lui a pas beaucoup plu.
5. .... ait été capable de faire l'ascension du mont Blanc est assez surprenant.

SCORE ..../ 6

COUP DE POUCE
Quel et *quelle* sont des déterminants : ils sont suivis d'un nom ou d'un groupe nominal.

b. Complète avec *quelque, quelques* ou *quel(le) que*.

1. .... spectateurs ont sifflé le chanteur. 2. Il a dû être aperçu par .... témoin. 3. .... soit son prix, je l'achète. 4. .... soit sa valeur, je ne vendrai pas ce tableau.
5. .... chutes de neige ont suffi à rendre le paysage tout blanc.

SCORE ..../ 5

INFO
• Devant un nom, on trouve le déterminant indéfini *quelque(s)*.
• On trouve *quel(le) que* devant un verbe au subjonctif. Attention aux accords.

DICTÉE PRÉPARÉE

M. Darzac, au cours de la conversation qu'il eut alors avec sa femme, s'était rappelé qu'il avait omis d'écrire quelques lettres pressantes avant leur départ. Tous deux étaient entrés au buffet. M. Darzac avait demandé qu'on lui remît ce qu'il fallait pour écrire. Mathilde s'était assise à ses côtés, puis elle s'était levée et avait dit à son mari qu'elle allait se promener devant la gare, faire un petit tour pendant qu'il finirait sa correspondance.
Et maintenant, je laisse la parole à M. Darzac :
– J'avais fini d'écrire, nous dit-il, et je me levai pour aller rejoindre Mathilde quand je la vis arriver, affolée, dans le buffet. Aussitôt qu'elle m'aperçut, elle poussa un cri et se jeta dans mes bras. Elle tremblait horriblement. Je la rassurai, je lui dis qu'elle n'avait rien à craindre puisque j'étais là, et je lui demandai doucement, patiemment, quel avait été l'objet d'une aussi subite terreur. Je la fis asseoir, car elle ne tenait plus sur ses jambes, et je la suppliai de prendre quelque chose.

D'après Gaston Leroux, *Le Parfum de la dame en noir* (1909).

3 Surligne les six homophones de la leçon présents dans la dictée. Classe-les ensuite dans le tableau.

Déterminant indéfini	Conjonction de subordination + pronom pers. fém. sujet	Déterminant interrogatif
....	....	....
....	....	

SCORE ..../ 6

4 Complète avec *quel(le) que* ou *quelle*.

> **ATTENTION** Il faut accorder avec les noms *danger*, *menace* et *cause*.

1. Je la rassurai, je lui dis qu'elle n'avait rien à craindre, ... soit le danger, puisque j'étais là, et je lui demandai doucement, patiemment, quel avait été l'objet d'une aussi subite terreur.
2. Je lui dis qu'elle n'avait rien à craindre, ... soit la menace, puisque j'étais là, et je lui demandai doucement, patiemment, ... avait été la cause d'une aussi subite terreur.

SCORE ..../ 3

5 Les temps du récit

> **ATTENTION** Il ne faut pas confondre *je me levais* et *je me levai*. De quels temps s'agit-il ?

a. À quel temps les verbes en couleur dans la dictée sont-ils conjugués ?

Les verbes en couleur sont conjugués ....

b. Avec quel autre temps pourrait-on le confondre ? Comment éviter la confusion ?

On peut confondre ce temps avec ....

On peut éviter la confusion ....

....

SCORE ..../ 3

6 DICTÉE NON PRÉPARÉE Et maintenant, fais-toi dicter le texte figurant dans le livret, p. 22.

Corrigés p. 21-22

Plus d'exercices sur www.hatier-entrainement.com

TOTAL ..../ 30

ORTHOGRAPHE D'USAGE

22 Identifier et écrire tout

Tout est variable ou invariable **selon sa classe grammaticale**.

- Quand *tout* est un **déterminant indéfini**, il s'accorde avec le nom qu'il détermine.
  *J'ai vu **toute** la famille, **tous** les enfants, **toutes** mes cousines, **tout** le monde.*
- Quand *tout* est un **pronom indéfini**, il prend le genre et le nombre du nom qu'il remplace.
  *J'ai beaucoup d'amis, **tous** sont venus.*
  *J'ai beaucoup d'amies, **toutes** sont venues.*
- *Tout* est un **adverbe** si on peut le remplacer par *tout à fait*, *complètement*.
  - Il reste invariable devant un adjectif masculin ou féminin commençant par une voyelle ou un *h* muet.
    *Elle est **tout** engourdie. Ils sont **tout** engourdis.*
  - Il s'accorde devant un adjectif féminin commençant par une consonne.
    *Ma chemise est **toute** froissée.*

★ 1 Relie les différents éléments pour former une phrase.
Attention ! *Tout* est employé dans le sens de *tout à fait* (adverbe).

	• tout •	
Elle est •		• bouleversée.
	• toute •	
	• toute •	
La ville est •		• illuminée.
	• tout •	
	• tout •	
Les élèves sont •		• endormis ce matin.
	• tous •	
	• toutes •	
Les élèves sont •		• endormies ce matin.
	• tout •	

SCORE .... / 8

ATTENTION
Tiens compte de la liaison. Devant une voyelle, elle se fait naturellement. Inutile de rajouter un e au féminin.

★★ 2 Accorde *tout* si nécessaire.

1. Tou ...... les élèves de la classe ont participé au voyage à Rome.
2. Tou...... le collège ira au cinéma.
3. Tou ...... est fini entre nous. Tu as tou ...... gâché.
4. Cette petite fille est tou ...... effrayée par l'orage.
5. Ma sœur est encore tout ...... petite.
6. Ces chiens sont tou ...... petits.

SCORE .... / 7

COUP DE POUCE
- Dans les phrases 1 et 2, *tout* est déterminant.
- Dans la phrase 3, *tout* est pronom.
- Dans les phrases 5 et 6, *tout* est adverbe.

DICTÉE PRÉPARÉE

Hermann aimerait connaître le secret de la comtesse Anna Fedotovna concernant les trois cartes gagnantes afin de faire fortune au jeu. Il s'introduit en cachette dans sa chambre.

La comtesse se mit à se déshabiller devant un miroir. On lui ôta sa coiffure de roses et on sépara sa perruque poudrée de ses cheveux à elle, tout ras et tout blancs. Les épingles tombaient en pluie autour d'elle. Sa robe jaune, lamée d'argent, glissa jusqu'à ses pieds gonflés. Hermann assista malgré lui à tous les détails peu ragoûtants d'une toilette de nuit ; enfin la comtesse demeura en peignoir et en bonnet de nuit. En ce costume plus convenable à son âge, elle était un peu moins effroyable.
Comme la plupart des vieilles gens, la comtesse était tourmentée par des insomnies. Après s'être déshabillée, elle fit rouler son fauteuil dans l'embrasure d'une fenêtre et congédia ses femmes. On éteignit les bougies, et la chambre ne fut plus éclairée que par la lampe qui brûlait devant les saintes images. La comtesse, toute jaune, toute ratatinée, les lèvres pendantes, se balançait doucement à droite et à gauche.

Alexandre Pouchkine, *La Dame de pique* (1834), trad. P. Mérimée.

3 ***Tout* : adverbe ou déterminant ?**

a. Surligne les cinq emplois de *tout* dans la dictée.

b. Classe-les dans le tableau avec le nom ou l'adjectif qui suit.

Adverbe	Déterminant
tout (ras)	....
....	....
....	....

SCORE ..../ 5

> **COUP DE POUCE**
> *Tout* adverbe peut être remplacé par *tout à fait*.

4 **Pourquoi *tout* est-il invariable devant *blancs* et s'accorde-t-il devant *ratatinée* ?**

1. tout blancs → ....

2. toute ratatinée → ....

SCORE ..../ 2

> **INFO**
> Si l'adjectif au féminin commençait par une voyelle, il n'y aurait pas d'accord.

5 **Relève les participes passés de la dictée et précise les noms ou pronoms avec lesquels ils s'accordent.**

1. ....

2. ....

3. ....

4. ....

5. ....

SCORE ..../ 10

> **COUP DE POUCE**
> Il y en a cinq : les uns sont employés comme adjectifs, les autres avec l'auxiliaire *être* (voir chapite 10, p. 24).

6 **DICTÉE NON PRÉPARÉE** Et maintenant, fais-toi dicter le texte figurant dans le livret, p. 23.

Corrigés p. 22-23

Plus d'exercices sur www.hatier-entrainement.com

TOTAL ..../ 32

23 Identifier et écrire *même*

Même est variable ou invariable **selon sa classe grammaticale**.

- Quand *même* est un **déterminant indéfini**, il s'accorde avec le nom qu'il détermine.
  *les **mêmes** réponses, les élèves eux-**mêmes***
- Quand *même* est un **pronom indéfini**, il s'accorde avec le nom qu'il remplace.
  *J'aime tes chaussures, je vais m'acheter les **mêmes**.*
- Quand *même* est un **adverbe**, il est invariable (on peut le remplacer par *aussi*).
  ***Même** toi, tu m'abandonnes. **Même** mes amis m'abandonnent.*

ATTENTION Respecte l'accord.

★ 1 Relie les éléments qui conviennent.

moi- •		eux- •		
toi- •	• même	lui- •		• mêmes
nous- •		soi- •		

SCORE .... / 3

COUP DE POUCE Si tu peux remplacer *même* par *aussi*, il est invariable.

★ 2 Accorde *même* si nécessaire.

1. Nous avons les même ...... goûts.
2. Mes amis ont eux-même ...... préparé cette fête pour mon anniversaire.
3. J'aimerais retrouver les même ...... amis que l'année dernière.
4. Nous avons nous-même ...... fait pousser ces fleurs, même ...... ces roses et ces tulipes.
5. C'est étrange : tous les élèves ont donné les même ...... réponses.

SCORE .... / 6

COUP DE POUCE
- Si *même* précède un nom et est précédé d'un article défini, il est déterminant indéfini et s'accorde.
- Si *même* peut être remplacé par un nom employé précédemment, il est pronom et s'accorde.
- Si *même* signifie *aussi*, il est adverbe, donc invariable.

★★ 3 Accorde *même* si nécessaire et donne sa classe grammaticale : adverbe, déterminant indéfini ou pronom ?

1. Ce sont toujours les même ...... mots qui reviennent.
   Classe grammaticale : ....
2. Même ...... son chien a peur de lui.
   Classe grammaticale : ....
3. J'ai beaucoup d'amis en vacances : je retrouve toujours les même ....
   Classe grammaticale : ....
4. Il n'a plus les même ...... traits que lorsqu'il était petit.
   Classe grammaticale : ....
5. Même ...... ses yeux ont changé de couleur.
   Classe grammaticale : ....

SCORE .... / 10

DICTÉE PRÉPARÉE

Mon rêve familier

Je fais souvent ce rêve étrange et pénétrant
D'une femme inconnue, et que j'aime, et qui m'aime
Et qui n'est, chaque fois, ni tout à fait la même
Ni tout à fait une autre, et m'aime et me comprend.

Après trois ans

Les roses comme avant palpitent ; comme avant,
Les grands lys orgueilleux se balancent au vent.
Chaque alouette qui va et vient m'est connue.

Même j'ai retrouvé debout la Velléda
Dont le plâtre s'écaille au bout de l'avenue,
– Grêle, parmi l'odeur fade du réséda.

Paul Verlaine, *Poèmes saturniens* (1866).

4 ***Même* : déterminant, pronom ou adverbe ?**

a. Surligne les deux emplois de *même* dans ces strophes de Verlaine.

b. Précise s'il s'agit d'adverbes, de pronoms ou de déterminants indéfinis.

- la même → ....
- même (j'ai retrouvé...) → ....

c. Lequel est invariable ?

....

SCORE .... / 5

5 **Observe la modification apportée au poème de Verlaine et complète ce qui suit.**

Je fais souvent ce rêve étrange et pénétrant

De femmes inconnues, et que j'aime, et qui ....

Et qui ne ...., chaque fois, ni tout à fait ...... même ......

Ni tout à fait ...., et m' .... et me ....

SCORE .... / 7

ATTENTION
N'oublie pas d'accorder les verbes. N'hésite pas à revoir la conjugaison du verbe *comprendre*.

6 **Souligne dans la première strophe de Verlaine un homophone de *même* (utilisé deux fois). Réutilise cet homophone dans une phrase de ton choix.**

....

SCORE .... / 2

7 **DICTÉE NON PRÉPARÉE** Et maintenant, fais-toi dicter le texte figurant dans le livret, p. 24.

Corrigés p. 23-24

TOTAL .... / 33

ORTHOGRAPHE D'USAGE

24 Ajouter ou non un accent sur un *e*

- Il existe **quatre types d'accents** :
l'accent aigu, l'accent grave, l'accent circonflexe et le tréma.
un pré, un élève, un évêque, Noël
  - Les accents **aigu** et **grave** correspondent à des prononciations différentes.
  élève, un pré, près du collège
  - L'accent **circonflexe** correspond souvent à un *s* dans l'étymologie d'un mot.
  forêt [forestier], *fête* [festivité]
  - Le **tréma** indique qu'il faut prononcer séparément les deux voyelles qui se suivent.
  Noël, un canoë, aiguë
- **Les cas où l'on ne met pas d'accent**
  - Il ne faut généralement pas mettre d'accent devant une **consonne doublée** ou **deux consonnes**, en particulier *s* et *r*, suivies d'une autre consonne.
  ***esp**oir, s'**eff**orcer, car**ess**e, **est**rade, p**erd**re*
  - Il ne faut pas mettre d'accent devant un ***x***.
  *un **ex**ercice, un **ex**emple*

★ 1 **Ajoute ou non un accent sur le *e*.**

1. une estafilade
2. un espoir
3. une extase
4. un esclave
5. une exclamation
6. espiegle
7. esperance

SCORE .... / 7

COUP DE POUCE
Il y a deux accents à ajouter, un accent aigu et un accent grave.

★ 2 a. **Ajoute ou non un tréma sur le *e*.**

1. la cigue
2. une voix aigue
3. une aigue-marine
4. la moelle

b. **Mets les adjectifs suivants au féminin.**

1. un endroit exigu → une pièce ....
2. un propos ambigu → une parole ....

SCORE .... / 6

ATTENTION
En mettant l'adjectif au féminin, tu es conduit à utiliser un tréma.

★★ 3 a. **Le nom qui suit a un accent circonflexe. Explique pourquoi.**

fenêtre → ....

b. **Donne des mots de la même famille que *fête* qui expliquent la présence de l'accent circonflexe.**

1. ....
2. ....
3. ....

SCORE .... / 4

COUP DE POUCE
- Pense au verbe *défenestrer*.
- Utilise le radical *–fest*.

DICTÉE PRÉPARÉE

Des samouraïs japonais aux Jedi de la guerre des Étoiles...

Sabre à la main, le Jedi ne recule devant aucun sacrifice pour défendre les innocents. Cela vous rappelle quelque chose ? Normal. L'humanité a connu son lot de guerriers protecteurs, armés d'une épée, tels les samouraïs au Japon. Apparus au XIIe siècle, ces soldats surentraînés se mettent au service de leur seigneur. Ils maîtrisent toutes les techniques du combat et sont toujours respectés par le peuple, comme les Jedi. Ce n'est donc pas un hasard si les héros de la saga portent des noms à consonance japonaise (Obi-Wan Kenobi...) et sont vêtus de kimonos, tunique traditionnelle du pays du Soleil-Levant. Dark Vador arbore même un heaume s'inspirant du kabuto, le casque des samouraïs.

GÉO Ado, n° 31, mai 2005.

4 **Accentuer ou non le *e* ?**

a. Surligne les mots contenant un *e* suivi d'une consonne doublée ou de deux consonnes.

b. Souligne un mot contenant un *e* avec un accent circonflexe.

c. Donne deux mots de la même famille que celui que tu viens de souligner et contenant un s, qui permettent d'expliquer la présence de l'accent circonflexe.

1. .... **2.** ....

SCORE ..../ 12

COUP DE POUCE
Tu dois surligner neuf mots dans la dictée.

5 **Relève deux mots contenant un accent circonflexe sur une autre lettre que le *e* et un mot contenant un tréma.**

Accent circonflexe	Tréma
....	....
....	

SCORE ..../ 3

6 **Les verbes en *-ler* au présent**

a. Conjugue le verbe *rappeler* au présent de l'indicatif.

je .... nous ....

tu .... vous ....

il .... ils ....

b. Conjugue ensuite le verbe *peler* au même temps. Quelle différence constates-tu ?

je .... nous ....

tu .... vous ....

il .... ils ....

SCORE ..../ 12

ATTENTION
Vérifie que tu as écrit un è à certaines personnes.

7 **DICTÉE NON PRÉPARÉE** Et maintenant, fais-toi dicter le texte figurant dans le livret, p. 25.

Corrigés p. 24-25

Plus d'exercices sur www.hatier-entrainement.com

TOTAL ..../ 44

25 Écrire les noms terminés par le son [e]

- Les noms féminins terminés par le son [e] s'écrivent en général *-ée*.

  une année, une vallée

  Attention aux exceptions :
  – *une clé* (ou *clef*) ;
  – tous les noms terminés par *-té* ou *-tié* (*la pitié, l'amitié*), sauf *la dictée, la jetée, la montée, la pâtée, la portée, la butée* et les noms qui indiquent une contenance (*une brouettée, une assiettée*...).

- Les noms masculins terminés par le son [e] ont, eux, des terminaisons variées : *-er* (*crémier*), *-é* (*invité*), *-ée* (*musée*), *-ed* (*pied*), *-ez* (*nez*).

★ 1 Ajoute un *e* si nécessaire.

1. une qualité ....
2. une assietté ....
3. une fourné ....
4. une platé ....
5. une immensité ....
6. une arrivé ....
7. un carré....
8. la clé....
9. un corrigé....
10. une veillé....
11. une araigné....
12. l'obscurité....

SCORE ..../ 12

COUP DE POUCE
Relis la règle concernant les noms féminins en [e].

★ 2 Barre l'intrus et justifie ton choix.

la méchanceté • la sincérité • la lucidité • une butée

....

SCORE ..../ 1

★★ 3 Observe les séries suivantes et énonce la règle correspondante.

1. la criée • une nuée • une bouée • une trouée

Les noms féminins terminés par le son [e] s'écrivent généralement ....

2. une brouettée • une charretée • une pelletée • une nuitée

Il s'agit de noms qui indiquent .... : ils se terminent par ....

3. la sévérité • la liberté • la passivité • la spontanéité

Les noms féminins terminés par ...... ou ...... sont des ....

et ne se terminent pas par un ....

4. un boucher • un évier • un cahier • un exilé • un rez-de-jardin

Ce sont des noms .... Leurs terminaisons sont ....

SCORE ..../ 8

INFO
Une *brouettée* est le contenu d'une brouette ; une *charretée*, le contenu d'une charrette.

DICTÉE PRÉPARÉE

Dans une réserve africaine, le narrateur est invité par la jeune Patricia, fille de l'administrateur, à entrer en contact avec un lion nommé King. La fillette est alors blottie entre les pattes du fauve.

Son dos était serré contre le poitrail du grand fauve. Son cou se trouvait à portée de la gueule entrouverte. Une de ses mains fourrageait dans la monstrueuse toison.

– King le bien nommé. King, le Roi. Telle fut ma première pensée. [...]

Le lion releva la tête et gronda. Il m'avait vu. Une étrange torpeur amollissait mes réflexes. Mais sa queue balaya l'air immobile et vint claquer comme une lanière de fouet contre son flanc. Alors je cessai de trembler : la peur vulgaire, la peur misérable avait contracté chacun de mes muscles. J'aperçus enfin, et dans le temps d'une seule clarté intérieure, toute la vérité : Patricia était folle et m'avait donné sa folie. Je ne sais quelle grâce la protégeait peut-être, mais pour moi...

Le lion gronda plus haut, sa queue claqua plus fort. Une voix dépourvue de vibrations, de timbre, de tonalité m'ordonna :

– Pas de mouvement... Pas de crainte... Attendez.

D'après Joseph Kessel, *Le Lion* (1958), © Gallimard.

4 Les noms en [e]

a. Surligne dans la dictée les cinq noms féminins terminés par le son [e] et classe-les.

Noms féminins terminés par le son [e] et obéissant à la règle	Exceptions
....	....
....	....
	....

b. Écris le nom terminé par le son [e] appartenant à la même famille que les mots en vert dans la dictée. Ex. : *immobile* → *immobilité*

1. monstrueuse → ....
2. étrange → ....
3. vulgaire → ....
4. intérieure → ....

SCORE ..../ 9

INFO
Rappel : les noms féminins terminés par le son [e] s'écrivent en général *-ée*.

ATTENTION
Prends garde aux modifications autres que la terminaison : *supérieur → supériorité*.

5 La construction avec *tel*

a. Observe et explique l'accord de *telle* et du verbe *être* (encadrés dans la dictée).

....

b. Complète ensuite les phrases suivantes.

1. Tel...... fu...... mes premières pensées.
2. Tel...... fu...... mon premier souci.

SCORE ..../ 4

6 DICTÉE NON PRÉPARÉE

Et maintenant, fais-toi dicter le texte figurant dans le livret, p. 26.

Corrigés p. 25-26

Plus d'exercices sur www.hatier-entrainement.com

TOTAL ..../ 34

ORTHOGRAPHE D'USAGE

26 Orthographier différents préfixes

- Un **préfixe** permet de modifier le sens d'un mot en venant s'ajouter au radical. Comme son nom l'indique, le **pré**fixe précède le radical (contrairement au suffixe).

  *il*lisible, *in*compréhensible, *ir*récupérable, *anti*pathique, *més*estimé

- Voici quelques préfixes : *a-, ac-, an-, anti-, co-, com-, con-, dé-, des-, dés-, dif-, dis-, ex-, extra-, il-, im-, in-, inter-, ir-, mé-, més-, post-, pré-, re-, trans-.*

  Attention aux modifications orthographiques de certains préfixes.

Préfixes	Modifications orthographiques	Exemples
in-	*im-* devant *b*, *p* ou *m* *il-* devant un *l* *ir-* devant un *r*	*imbuvable*, *imparable*, *immangeable* *illogique* *irréel*
ad-	*ac-* devant un *c* *af-* devant un *f* *ag-* devant un *g* *al-* devant un *l*	*accroître* *affaiblir* *aggraver* *alléger*

★ 1 Forme des noms ou des adjectifs en reliant un préfixe de la première colonne à un élément de la seconde colonne.

anti- •	• occupé
extra- •	• génique
trans- •	• national
pré- •	• ordinaire
inter- •	• thèse

SCORE ..../ 5

COUP DE POUCE
Commence par les associations les plus faciles, avec les préfixes *extra-* et *pré-*. Vérifie dans le dictionnaire.

★ 2 Forme le contraire des adjectifs suivants en utilisant le préfixe qui convient.

1. lisible → ....
2. mobile → ....
3. résolu → ....
4. palpable → ....
5. réaliste → ....
6. modeste → ....
7. mortel → ....
8. possible → ....

SCORE ..../ 12

COUP DE POUCE
Selon l'initiale de l'adjectif tu dois ajouter *in-*, *im-*, *il-* ou *ir-*.

★★ 3 Ajoute la lettre qui manque aux mots suivants.

1. i ......compatible
2. i......pair
3. i ......parfait
4. i......commode
5. i......légal
6. i ......réductible
7. i......légitime
8. a ......louer
9. a ......lié
10. i......régulier
11. a ......longer
12. a......fadir

SCORE ..../ 8

ATTENTION
N'oublie pas de tenir compte de la première lettre du radical : parfait, légal

DICTÉE PRÉPARÉE

Voici la description que fait du mystérieux M. Hyde le témoin d'une de ses agressions.

– Il n'est pas facile à décrire. Il y a dans son extérieur quelque chose de faux ; quelque chose de désagréable, d'absolument odieux. Je n'ai jamais vu personne qui me fût aussi antipathique ; et cependant je sais à peine pourquoi. Il doit être contrefait de quelque part ; il donne tout à fait l'impression d'avoir une difformité ; mais je n'en saurais préciser le siège. Cet homme a un air extraordinaire, et malgré cela je ne peux réellement indiquer en lui quelque chose qui sorte de la normale. Non, monsieur, j'y renonce ; je suis incapable de le décrire. Et ce n'est pas faute de mémoire ; car, en vérité, je me le représente comme s'il était là.

Robert Louis Stevenson, *Le Cas étrange du Dr Jekyll et de M. Hyde* (1886), trad. T. Varlet, © Garnier-Flammarion.

4 Les mots formés avec un préfixe

a. Surligne dans la dictée les sept mots formés avec un préfixe.

b. Recopie ensuite les préfixes ci-dessous.

1. .... 5. ....

2. .... 6. ....

3. .... 7. ....

4. ....

SCORE .... / 14

COUP DE POUCE N'hésite pas à consulter la liste des préfixes de la leçon, p. 56. L'un de ces préfixes est re- (« à nouveau »).

5 Pour les trois mots suivants, donne l'adjectif de la même famille, puis son contraire formé avec un préfixe.

1. préciser : .... → contraire : ....

2. la normale : .... → contraire : ....

3. réellement : .... → contraire : ....

SCORE .... / 6

ATTENTION Pour l'un des adjectifs, il faudra doubler la consonne initiale.

6 Les noms féminins en [e]

a. Relève dans la dictée deux noms féminins terminés par le son [e].

1. .... 2. ....

b. Que constates-tu ?

....

....

c. Complète les noms inachevés dans les phrases ci-dessous.

1. La monstruosit...... et la cruaut...... de M. Hyde sont très inquiétantes.

2. La fausset...... du personnage met le témoin dans l'incapacit...... de le décrire.

3. La dict...... est extraite d'un roman de Stevenson.

SCORE .... / 8

COUP DE POUCE Reporte-toi à la leçon du chapitre 25 p. 54, et recopie la règle qui correspond à ces deux noms.

7 DICTÉE NON PRÉPARÉE

Et maintenant, fais-toi dicter le texte figurant dans le livret, p. 27.

Corrigés p. 26-27

TOTAL .... / 53

ORTHOGRAPHE D'USAGE

27 Écrire les adverbes en -*ment*

- L'orthographe d'un adverbe en -*ment* dépend de l'adjectif à partir duquel il est formé.

Adjectif	Formation	Adverbe
la plupart des adjectifs *lourd* *doux* *vif*	adjectif au féminin + -***ment*** *lourde + -ment* *douce + -ment* *vive + -ment*	 *lourde**ment*** *douce**ment*** *vive**ment***
adjectif en -***ant*** *méchant*	terminaison : -***amment*** *méch + -amment*	 *méch**amm**ent*
adjectif en -***ent*** *ardent*	terminaison : -***emment*** *ard + -emment*	 *ard**emm**ent*

- **Cas particuliers**
  Certains adjectifs forment leurs adverbes sur le masculin :
  *infini → infini**ment***
  *gentil → gent**iment***
  *cru → cr**ûment***
  *immense → immens**ément***

★ 1 Barre l'intrus.

lent • prudent • violent • fréquent

SCORE .... / 1

★★ 2 Ajoute la lettre qui manque.

1. brill ...... mment
2. étonn...... mment
3. patie ...... ment
4. abond...... mment
5. intellig ...... mment
6. confus...... ment
7. d ...... ment
8. élég...... mment
9. sava ...... ment

SCORE .... / 9

COUP DE POUCE
Avant de répondre vérifie l'orthographe de l'adjectif : ant ou ent.

★★ 3 Forme les adverbes en -*ment* correspondant aux adjectifs suivants. Décompose bien à chaque fois.

Ex. : *clair → claire → claire + -ment = clairement*
courant → cour + -amment = couramment

1. fou → .... + ... = ...
2. mou → .... + ... = ...
3. différent → .... + ... = ...
4. obscur → .... + ... = ...
5. assidu → .... + ... = ...
6. gentil → .... + ... = ...
7. gai → .... + ... = ...
   ou .... + ... = ...
8. actif → .... + ... = ...

SCORE .... / 9

ATTENTION
• N'oublie pas l'accent circonflexe pour l'adverbe formé à partir de l'adjectif terminé par un *u*.
• Il y a deux solutions pour l'adverbe formé à partir de l'adjectif *gai*.

DICTÉE PRÉPARÉE

Le narrateur a tué sa femme d'un coup de hache destiné à son chat qu'il considère comme un animal diabolique. Il décide alors de murer le corps dans la cave.

La cave était fort bien disposée pour un pareil dessein. Les murs étaient construits négligemment, et avaient été récemment enduits dans toute leur étendue d'un gros plâtre que l'humidité de l'atmosphère avait empêché de durcir. De plus, dans l'un des murs, il y avait une saillie causée par une fausse cheminée, ou espèce d'âtre, qui avait été comblée et maçonnée dans le même genre que le reste de la cave. Je ne doutais pas qu'il ne me fût facile de déplacer les briques à cet endroit, d'y introduire le corps, et de murer le tout de la même manière, de sorte qu'aucun œil n'y pût rien découvrir de suspect.
Et je ne fus pas déçu dans mon calcul. À l'aide d'une pince, je délogeai très aisément les briques, et, ayant soigneusement appliqué le corps contre le mur intérieur, je le soutins dans cette position jusqu'à ce que j'eusse rétabli, sans trop de peine, toute la maçonnerie dans son état primitif.

Edgar Allan Poe, *Le Chat noir* (1843), trad. Ch. Baudelaire.

ATTENTION
Ne confonds pas *dessein* avec son homophone *dessin*.

4 Les adverbes en *-ment*

a. Surligne les quatre adverbes en *-ment*.
b. Classe-les ensuite dans le tableau.

Adjectif à l'origine	Formation de l'adverbe	Adverbe
négligent	*néglig + emment*	*négligemment*
....	....	....
....	....	....
....	....	....

SCORE .... / 4

5 La concordance des temps

a. Observe les verbes en vert dans la dictée.
Donne leur mode et leur temps :

....

b. Pour t'aider à trouver la réponse à la question **a.**, complète la phrase en tenant compte de la modification de temps du verbe *douter*.

Le narrateur ne doute pas qu'il ne lui .... facile de déplacer les briques à cet endroit, d'y introduire le corps et de murer le tout de la même manière, de sorte qu'aucun œil ne .... rien découvrir de suspect.

SCORE .... / 4

COUP DE POUCE
N'hésite pas à consulter la leçon du chapitre 16, p. 36.

6 DICTÉE NON PRÉPARÉE

Et maintenant, fais-toi dicter le texte figurant dans le livret, p. 28.

Corrigés p. 27-28

TOTAL .... / 27

Alphabet phonétique API

Il s'agit de la notation adoptée par l'Association phonétique internationale pour désigner les sons. Les signes de l'alphabet phonétique se placent entre crochets.

VOYELLES		SEMI-VOYELLES		CONSONNES	
[a]	cinéma	[j]	lieu	[b]	baba
[ɑ]	château	[w]	oui	[d]	déjeuner
[e]	dé			[f]	faim
[ɛ]	mets			[g]	gâteau
[ə]	petit			[k]	cadeau
[i]	souris			[l]	lait
[o]	rose			[m]	miel
[ɔ]	bosse			[n]	nappe
[ø]	jeudi			[p]	pain
[œ]	fleur			[r]	roi
[u]	chou			[s]	sel
[y]	illusion			[t]	table
[ɑ̃]	chanter			[v]	valise
[ɛ̃]	jardin			[z]	maison
[ɔ̃]	ronfler			[ʃ]	chocolat
[œ̃]	brun			[ʒ]	ange
				[ɲ]	ignorer
				[ŋ]	parking

Les rectifications orthographiques de 1990

Voici, en résumé, les huit principales règles permettant de simplifier l'orthographe française. Sur chacun des points concernés, c'est la règle traditionnelle qui est expliquée dans ce cahier, mais avec un renvoi à la nouvelle règle, puisque les deux orthographes – l'ancienne et la nouvelle – sont désormais acceptées.

Questions d'accent

R1 L'accent circonflexe disparaît sur les voyelles *i* et *u* *(cout, entrainer, nous entrainons, paraitre, il parait)*.
On le maintient néanmoins dans les terminaisons verbales du passé simple *(nous prîmes, vous sûtes)*, du subjonctif imparfait *(qu'il prît, qu'il sût)* et dans cinq cas d'homonymie *(j'ai dû, un fruit mûr, j'en suis sûr, il jeûne, la plante croît)*.

R2 Sauf *appeler*, *jeter* et leurs composés (y compris *interpeler*) qui doublent la consonne *l* ou *t* devant un *e* muet, les verbes en *-eler* ou *-eter* se conjuguent sur le modèle de *peler* ou d'*acheter* : *j'amoncèle, tu époussètes*.

R3 On emploie l'accent grave (plutôt que l'accent aigu) au futur et au conditionnel pour les verbes comme *céder* ou *régler* *(je cèderai, ils règleraient)*.

Trait d'union ou non ?

R4 Les déterminants numéraux composés sont systématiquement reliés par des traits d'union : *vingt-et-un, deux-cents, trente-et-unième*.

R5 La soudure s'impose dans un certain nombre de mots, en particulier :
- dans les mots composés de *contr(e)-* et *entr(e)-* *(contrattaque, entredeux)*.
- dans les mots composés de *extra-, infra-, intra-, ultra-* *(infrarouge, extraterrestre)*.
- dans les mots d'origine étrangère *(weekend)*.

Au-delà des cas cités dans cette règle, les auteurs de dictionnaires sont invités à privilégier la soudure *(portemonnaie)*.

Formation du pluriel et cas d'invariabilité

R6 Pour former le pluriel des noms composés du type verbe + nom *(perce-neige)* ou préposition + nom *(sans-abris)*, on ajoute systématiquement une marque de pluriel au second élément *(un perce-neige, des perce-neiges ; un après-midi, des après-midis)*.

R7 Les mots empruntés à des langues étrangères forment leur pluriel de la même manière que les mots français et sont accentués conformément aux règles qui s'appliquent aux mots français *(des matchs, un révolver)*.

R8 Comme celui de faire, le participe passé de *laisser* suivi d'un infinitif est invariable *(Je les ai laissé partir)*.

30 verbes modèles pour conjuguer sans faute

	INDICATIF			
	présent	**futur**	**imparfait**	**passé simple**
avoir	j'ai il a ils ont	j'aurai il aura ils auront	j'avais il avait ils avaient	j'eus/nous eûmes
être	je suis il est ils sont	je serai il sera ils seront	j'étais il était ils étaient	je fus/nous fûmes il fut ils furent
aimer	j'aime il aime ils aiment	j'aimerai il aimera ils aimeront	j'aimais il aimait ils aimaient	j'aimai/nous aimâmes il aima ils aimèrent
lancer	il lance/nous lançons	il lancera/nous lancerons	il lançait	il lança/nous lançâmes
manger	il mange/nous mangeons	il mangera/nous mangerons	il mangeait	il mangea/nous mangeâmes
appeler	il appelle/nous appelons	il appellera	il appelait	il appela/nous appelâmes
geler	il gèle/nous gelons	il gèlera	il gelait	il gela/nous gelâmes
jeter	il jette/nous jetons	il jettera	il jetait	il jeta/nous jetâmes
acheter	il achète/nous achetons	il achètera	il achetait	il acheta/nous achetâmes
essuyer	il essuie/nous essuyons	il essuiera	il essuyait/nous essuyions	il essuya/nous essuyâmes
envoyer	il envoie/nous envoyons	il enverra	il envoyait	il envoya/nous envoyâmes
aller	je vais il va	j'irai il ira	j'allais il allait	j'allai/nous allâmes
finir	je finis il finit ils finissent	je finirai il finira ils finiront	je finissais il finissait ils finissaient	je finis/nous finîmes
partir	je pars il part	je partirai il partira	je partais il partait	je partis/nous partîmes
venir	il vient/nous venons	il viendra	il venait	il vint/nous vînmes
courir	il court	il courra	il courait	il courut/nous courûmes
cueillir	il cueille	il cueillera	il cueillait	il cueillit/nous cueillîmes
voir	il voit	il verra	il voyait	il vit/nous vîmes
devoir	il doit	il devra	il devait	il dut/nous dûmes
pouvoir	je peux/il peut	il pourra	il pouvait	il put/nous pûmes
savoir	il sait	il saura	il savait	il sut/nous sûmes
s'asseoir	il s'assied/il s'assoit	il s'assiéra/il s'assoira	il s'asseyait	il s'assit/nous nous assîmes
croire	il croit/nous croyons	il croira	il croyait/nous croyions	il crut/nous crûmes
dire	il dit/vous dites	il dira	il disait	il dit/vous dîtes
faire	il fait/vous faites	il fera	il faisait	il fit/nous fîmes
vivre	il vit	il vivra	il vivait	il vécut/nous vécûmes
prendre	je prends/il prend	il prendra	il prenait	il prit/nous prîmes
peindre	je peins/il peint	il peindra	il peignait/nous peignions	il peignit/nous peignîmes
résoudre	je résous/il résout	il résoudra	il résolvait	il résolut/nous résolûmes
mettre	je mets/nous mettons	il mettra	il mettait	il mit/nous mîmes

	IMPÉRATIF	SUBJONCTIF	CONDITIONNEL
passé composé	présent	présent	présent
j'ai eu il a eu ils ont eu	aie ayons ayez	que j'aie qu'il ait que nous ayons	j'aurais il aurait nous aurions
j'ai été il a été ils ont été	sois soyons soyez	que je sois qu'il soit qu'ils soient	je serais il serait nous serions
j'ai aimé il a aimé ils ont aimé	aime aimons aimez	que j'aime qu'il aime qu'ils aiment	j'aimerais il aimerait nous aimerions
il a lancé	lance/lançons	qu'il lance	il lancerait
il a mangé	mange	qu'il mange	il mangerait
il a appelé	appelle/appelons	qu'il appelle	il appellerait
il a gelé	gèle/gelons	qu'il gèle	il gèlerait
il a jeté	jette/jetons	qu'il jette	il jetterait
il a acheté	achète/achetons	qu'il achète	il achèterait
il a essuyé	essuie/essuyons	qu'il essuie	il essuierait
il a envoyé	envoie	qu'il envoie	il enverrait
je suis allé/il (elle) est allé(e)	va/allons	que j'aille/que nous aillions	il irait
j'ai fini	finis	que je finisse	il finirait/nous finirions
je suis parti il est parti	pars/partons	que je parte qu'il parte	il partirait
il est venu	viens/venons	qu'il vienne/que nous venions	il viendrait
il a couru	cours	qu'il coure	il courrait
il a cueilli	cueille/cueillons	qu'il cueille	il cueillerait
il a vu	vois/voyons	qu'il voie/que nous voyions	il verrait
il a dû	dois	qu'il doive/que nos devions	il devrait
il a pu	–	qu'il puisse	il pourrait
il a su	sache	qu'il sache	il saurait
il s'est assis	assieds-toi/asseyons-nous	qu'il s'asseye/qu'il s'assoie	il s'assiérait
il a cru	crois/croyons	qu'il croie	il croirait
il a dit	dis	qu'il dise	il dirait
il a fait	fais/faisons/faites	qu'il fasse/que nous fassions	il ferait
il a vécu	vis	qu'il vive	il vivrait
il a pris	prends	qu'il prenne	il prendrait
il a peint	peins/peignons	qu'il peigne/que nous peignions	il peindrait
il a résolu	résous/résolvons	qu'il résolve	il résoudrait
il a mis	mets/mettons	qu'il mette/que nous mettions	il mettrait

Comment relire sa dictée ?

Analyse...	...à l'aide de ces règles et conseils
la situation de communication	Demande-toi : **qui parle ? à qui ?** Ainsi, si le texte est rédigé à la 1re personne, beaucoup de verbes seront conjugués à la 1re personne du singulier.
le temps et le mode des verbes	• Identifie les **temps dominants** utilisés dans le texte. Ainsi, dans un récit au passé, les actions de premier plan sont rapportées au passé simple ; les faits de second plan, à l'imparfait. • Prends garde que, dans certaines subordonnées, les verbes sont au **subjonctif** (mode de l'éventuel). *Je voudrais qu'il **voie** un médecin.*
l'accord des verbes	Le verbe **s'accorde avec le sujet.** Pour trouver le sujet, pose la question : *Qui est-ce qui... ?* ou *Qu'est-ce qui... ?* suivie du verbe.
l'accord des adjectifs	L'adjectif qualificatif **s'accorde** en genre et en nombre **avec le nom auquel il se rapporte.** Pour trouver ce nom, pose la question : *Qui est-ce qui est... ?* ou *Qu'est-ce qui est... ?* suivie de l'adjectif.
l'accord des participes passés	• Le participe passé employé **avec *être*** s'accorde en genre et en nombre avec le sujet. • Le participe passé employé **avec *avoir*** ne s'accorde jamais avec le sujet, mais il s'accorde en genre et en nombre avec le COD si celui-ci est placé avant le verbe.
les terminaisons verbales en [e]	Pour savoir si un verbe doit se terminer par ***-er*** (infinitif) **ou *-é(es)*** (participe passé), remplace-le par un verbe du 3e groupe. *chanter/prendre ; chanté/pris*
les homophones grammaticaux	Identifie la **classe grammaticale** du mot.